*Alfred Brendel im Nymphäum von Palladios
Villa Barbaro in Maser
Photo: Maria Majno*

Alfred Brendel

Nach dem Schlußakkord

Fragen und Antworten

Mit einem Nachwort
von Peter Hamm

Carl Hanser Verlag

7. Auflage 2022

ISBN 978-3-446-23482-6
Alle Rechte vorbehalten
© 2010 Carl Hanser Verlag GmbH & Co. KG, München
Satz: Satz für Satz. Barbara Reischmann, Leutkirch
Druck und Bindung: CPI books GmbH, Leck
Printed in Germany

MIX
Papier aus verantwortungs-
vollen Quellen
FSC® C083411

Zum Abschied vom Konzertpodium

Im Rückblick auf sechzig Jahre des Konzertierens möchte ich mich fragen: Was verhilft einem dazu, ein solches Leben durchzustehen?

Da ist zunächst die Trias Talent, Konstitution und Glück. Aber vieles kommt noch hinzu: Selbstvertrauen *und* Selbstkritik, Ambition *und* Geduld, Beharrlichkeit ohne Fanatismus, ein gutes Gedächtnis, gute Nerven (man wird sie nicht nur auf dem Podium brauchen, sondern auch beim Lesen mancher Rezensionen), Vision – also die Voraussicht, wie ein Talent, ein Repertoire, eine Persönlichkeit zu entfalten sei, die Gabe der Konzentration, Vergnügen an der Arbeit, die Bereitschaft, Fähigkeit und Freude, dem Publikum etwas zu übermitteln (und sei es ein musikalisches Selbstgespräch), ein Sinn für Komik, das Absurde und Paradoxe der Situation, eine gesunde Portion Skepsis, damit man sich nicht zu ernst nimmt.

Um so ernster sind die Absichten der Komponisten zu nehmen, in einem übertragenen Sinne auch dann, wenn sie komisch komponieren. Sandor Végh nannte einmal den Humor »eine Art Superernst«. »Das umgekehrte Erhabene« nannte ihn Jean Paul.

Man braucht also Schwere *und* Leichtigkeit. Man braucht Offenheit für die vielen Charaktere der Musik, also Wandlungsfähigkeit.

Der Komponist möchte geliebt werden. Arnold Schönberg ermahnte den Interpreten sogar, der »heißeste Diener« des Komponisten zu sein.

Auch der Interpret braucht Liebe. Ich danke für alle Liebe.

Mehr, als ich sagen kann, danke ich den Komponisten, die dieses Leben ermöglicht haben – und entschuldige mich bei ihnen für alles, was ich ihnen angetan habe. Zumindest ist es nicht in jener Absicht geschehen, die manche Musiker oder Theaterleute dazu bewegt, Werke nach Belieben herzurichten, oder hinzurichten. Dem Werk gerecht zu werden, ist schwierig genug, gelingt selten genug und ist, wie ich finde, aufregend genug.

Ich habe Konzerte nie als einen Zwang angesehen. Fröhlich und dankbar sage ich Adieu.

Es wird, solange ich lebe, hoffentlich keine Biographie von mir geben, und gewiß keine Autobiographie. Die hier versammelten Fragebogen, Interviews, Dialoge, Prosatexte und Gedichte möchten diese Lücke nicht ausfüllen, aber doch jenen, die sich mit meiner musikalischen und literarischen Persona nicht begnügen wollen, ein paar autorisierte Einblicke gestatten. Die bereits im Heft I, Februar 2006, der »Akzente« veröffentlichte Wechselrede mit Martin Meyer ist als Epilog zu unserem Gesprächsbuch »Ausgerechnet ich« zu verstehen.

Folgenden Tageszeitungen und Zeitschriften sei für den Neuabdruck, manchmal in revidierter Form, freundlich gedankt: Neue Zürcher Zeitung, Die Zeit, The Guardian, Le Monde de la Musique und Süddeutsche Zeitung. Mein Aufsatz über das Hören wurde zuerst in dem Klaus Reichert gewidmeten Band »Die fünf Sinne« (Fischer Taschenbuch Verlag 2008) abgedruckt. Peter Hamms Laudatio anläßlich der Verleihung des Herbert von Karajan-Preises 2008 erscheint hier als Nachwort. Die Übersetzungen besorgte ich selbst.

London, 2009   Alfred Brendel

Die Zeit: Interview

(Christof Siemes und Claus Spahn, 2008)

Die Zeit: Herr Brendel, steht Ihr Entschluß wirklich fest, keine Konzerte mehr zu geben?
Alfred Brendel: Absolut. Ich bin mit dieser Entscheidung völlig im reinen.
Zeit: Warum wollen Sie aufhören?
Brendel: Es sind keine physischen Gründe, denn ich hatte letztes Jahr ein sehr gutes Jahr. Ich wollte ja schon mit 75 aufhören, wurde dann aber überredet – und habe mich auch ein bißchen selbst überredet –, noch zwei Jahre anzustückeln. Nun aber ist genau der richtige Zeitpunkt. Es ist auch gut, zu spüren, daß man kein Maniac ist, daß man von Konzerten nicht abhängig ist wie von einer Droge. Ich hatte immer das Gefühl, ich spiele aus freien Stücken. Und jetzt höre ich aus freien Stücken auf.
Zeit: Viele Musiker können das nicht. Es gab schon Dirigenten, die noch mit 80 Konzerttermine auf zehn Jahre im voraus vereinbarten.
Brendel: Ich weiß. Der arme Bruno Maderna, in dessen letztem Konzert ich gespielt habe, als er schon todkrank war, hat im Künstlerzimmer auch noch Pläne geschmiedet. Bei mir ist das nicht so. Ich sehe das Ende klar und tränenlos.
Zeit: Mit welcher Geste wollen Sie von der Bühne abtreten?
Brendel: Ohne Geste. Ich bin nämlich sehr gegen Gesten. Und gegen falsche Feierlichkeiten schon ganz und gar. Am liebsten hätte ich es geheim gehalten und irgendwann gesagt: So, das war das letzte Konzert, jetzt ist Schluß. Aber das ließ sich nicht realisieren. So muß ich jetzt von einem Abschiedskonzert zum anderen reisen.

Ich freue mich natürlich, wenn das Publikum ein bißchen jammert.

Zeit: Das schon?

Brendel: Doch. Die Wärme, die ich jetzt in diesen Konzerten spüre, ist ein schönes Gefühl. Man hat nicht umsonst gespielt.

Zeit: Wann und wo werden Sie Ihren allerletzten Auftritt am Klavier haben?

Brendel: Am 18. Dezember 2008 in Wien mit den Wiener Philharmonikern. Es dirigiert Charles Mackerras, der zwar schon 82 Jahre alt ist, aber noch sehr munter. Ich spiele das sogenannte *Jeunehomme-Klavierkonzert* von Mozart, das ja inzwischen seinen schönen Namen verloren hat, weil man vor ein paar Jahren herausfand, daß die Dame, für die Mozart das Konzert geschrieben hat, Jenamy hieß. Sie war die Tochter des damals berühmten Tänzers Jean Georges Noverre, eine Französin, sie muß glänzend gespielt haben. Ich weiß nicht, ob sie auch schön war, aber Mozart wurde in diesem Stück besonders inspiriert. Es ist einer der größten Qualitätssprünge in Mozarts Schaffen überhaupt, sein erstes großes Meisterwerk.

Zeit: Als sich der französische Pianist François-René Duchable vor ein paar Jahren vom Konzertleben zurückzog, ließ er seinen Flügel via Hubschrauber in einem See versenken. Was halten Sie von dieser Art Abschied?

Brendel: Ich hoffe, es war ein schlechter Flügel.

Zeit: Wird Ihnen etwas fehlen?

Brendel: Das Adrenalin. Auch aus physiologischen Gründen, weil es gewisse Muskel- und Nervenschmerzen wegnimmt. Ich muß sehen, wie ich damit zurechtkomme, vielleicht läßt sich das Adrenalin auch durch andere Tätigkeiten aktivieren. Ich höre ja nur auf, Konzerte zu spielen. Ich höre ja nicht auf zu leben. Ab Sommer 2009 habe ich Termine für Vorträge, Seminare, Lesungen vereinbart.

Zeit: Und was wird Ihnen auf keinen Fall fehlen?

Brendel: Der Leistungsdruck, der mit dem Konzertieren verbunden ist. Und ein Teil der Musikkritik.

Zeit: Wir dachten immer, die ignorieren Sie.

Brendel: Ich nehme sie natürlich wahr. Ich möchte ja wissen, was in der Welt passiert, auch wenn es noch so deprimierend ist. Ich habe allerdings nicht besonders viel Grund, über die Musikkritik zu klagen, andere Leute haben es da viel schwerer.

Zeit: Nehmen wir einmal an, Sie dürften ein großes Fest zu Ihrem Abschied geben und dazu nicht nur Lebende, sondern auch Tote einladen. Wen hätten Sie gern dabei?

Brendel: Ich würde mich ganz auf die Verstorbenen konzentrieren. Shakespeare würde ich gern aus der Nähe sehen. Man weiß ja nicht, wie er aussah und wie er redete. Stendhal gehört auf die Einladungsliste, aus Verehrung, Edward Lear und Lewis Carroll, die englischen Nonsens-Dichter, auch Daniil Charms, ein wunderbarer russischer Nonsens-Dichter; Robert Musil und Monsu Desiderio, das war ein italienischer Maler, den die Surrealisten wiederentdeckten, weil in dessen Bildern manchmal Gebäude zusammenstürzen und kleine Mordszenen in den Ecken passieren. Es geht die Legende, daß er schizophren wurde, aber manche Leute sagen: Nein, das war ein ausgedachter Stil, der ziemlich erfolgreich war. Ich würde gerne sehen, ob Desiderio verrückt war oder nicht. Eigentlich hieß er François de Nomé. Dann natürlich Mozart, um zu schauen: wie benimmt sich der Mann? Und: Ginevra de' Benci, eine italienische Aristokratin, die von Leonardo gemalt wurde. Das Porträt ist für mich das schönste aller Frauenporträts und überhaupt eines der großartigsten Bilder. Vielleicht könnte sie auch Leonardo mitbringen. Dann Edward Gorey, der amerikanische Zeichner und Schriftsteller, dessen wenige Zeilen unter seinen Bildern genauso sophisticated sind wie die Zeichnungen selbst. Er ist einer meiner Ehrendadaisten. Und natürlich Isaiah Berlin, ein besonders verehrter Freund von mir.

Zeit: In Ihre Konzertprogramme der letzten Jahre haben Sie immer wieder Haydn, Mozart, Beethoven eingeladen.

Brendel: Ich weiß schon, es gibt Leute, die sagen: Der spielt immer dasselbe. Aber das ist gar nicht der Fall. Ich spiele sehr viele verschiedene Stücke, die die Leute oft gar nicht kennen oder nur mal in der Klavierstunde gesehen haben.

Zeit: Wie die vermeintlich leichten Mozartsonaten?

Brendel: Die gehören zum Schwierigsten. Jeder Ton, jede Nuance zählt. Nichts kann verborgen werden. Das ist eine Angelegenheit für sehr erfahrene Spieler. Aber manche Pianisten können im Alter ihr Spiel nicht mehr so genau kontrollieren, wie es gerade bei den Mozartsonaten notwendig wäre. Deshalb werden sie relativ selten gespielt und aus Unkenntnis unterschätzt. Der berühmte Satz von Artur Schnabel ist schon treffend: Zu leicht für Kinder, zu schwierig für Künstler.

Zeit: Lernen Sie bis heute in jedem Konzert dazu?

Brendel: Ja. Darauf kommt es an. Daß man die Werke nicht studiert und dann abhakt und sich sagt: Das Problem habe ich gelöst, jetzt kommt das nächste Stück dran. Bei den Meisterwerken geht es darum, mit ihnen zu leben. In Abständen muß man auf sie zurückkommen und eine Kette von Erfahrungen aufbauen. Wirkliche Meisterwerke sind unerschöpflich und ewig sprudelnde Energiequellen für den Spieler. Das ist ja das Wunderbare, daß man mit großer Musik sein Leben verbringen kann – und es bleibt immer spannend! Das Musikstück informiert den Spieler. Und es ist da kein Ende. Es gibt zwei grundsätzlich verschiedene Standpunkte: Der eine Spieler versucht, auf das Werk zu hören und aus ihm mit Geduld zu entnehmen, was es darstellt und was es braucht. Der andere stellt das eigene Ego in den Vordergrund und verhält sich wie eine Gouvernante, die dem Komponisten sagt, was er hätte tun sollen. Man soll sich nicht selbst ausschalten als Spieler, aber man muß dem Werk dienstbar sein!

Zeit: Kommt es oft vor, daß Sie sich mit Ihrem Spiel in totalem Einklang mit dem Stück fühlen?

Brendel: Manchmal sucht man sehr lange. Aber wenn man Geduld hat und die Stücke oft spielt, kommt man der Sache näher …

Zeit: Es gab also die Momente, an denen Sie gedacht haben: Das war die perfekte Interpretation?

Brendel: Man muß dankbar sein, wenn so etwas mal passiert. Da ist zum Beispiel eine Liveaufnahme der *B-Dur-Sonate* von Schubert aus London, mit der bin ich einverstanden. Ein seltener Fall, daß ich sage: Ja, besser könnte ich das nicht machen. Wobei ich nicht sagen will, daß ich damit das Rätsel gelöst habe.

Zeit: Empfinden Sie die ständige Selbstreflexion, die mit der Suche nach der richtigen Interpretation einhergeht, als Belastung?

Brendel: Ich bin nicht so selbstdestruktiv veranlagt, obwohl Skepsis gut ist.

Zeit: Krankt die Pianistenszene heute daran, daß Interpretationen zu sehr »gemacht« werden – aus dem Zwang, sich unbedingt unterscheiden zu müssen?

Brendel: Originalität sollte durch Vertrautheit mit dem Stück kommen. Nicht mit dem Ansatz: Jetzt muß ich anders spielen, weil der und der es so gespielt hat. Das lehne ich total ab. Glenn Gould hat da ein warnendes Beispiel gegeben.

Zeit: Der bleibt für Sie die große Negativfigur?

Brendel: Mit gutem Grund.

Zeit: Was hat sich im Konzertleben im Verlauf Ihrer langen Karriere geändert?

Brendel: Ich kann nur sagen, wie es in meinen Konzerten zuging: Das Publikum ist immer gekommen, auch junge Leute, so daß ich die Entwicklung von meiner Warte aus nicht so schlimm finde.

Zeit: Es gibt keine Krise der klassischen Musik?

Brendel: Mit meinen persönlichen Beobachtungen deckt sich das nicht. Ich bin da eigentlich nie Pessimist gewesen. Oder sagen wir so: Ich bin ein Pessimist, der sich gerne angenehm überraschen läßt.

Zeit: Wird heute das Wie des Musikmachens überbewertet gegenüber dem Was der Werke?

Brendel: Auch da muß man vorsichtig sein mit Verallgemeinerungen. Sehen Sie sich heute die jungen Geiger und die jungen Pianisten an – da erkennt man zwei völlig verschiedene Richtungen. Es gibt eine ganze Reihe von wunderbaren Geigerinnen, die fast alle ein gutes Beethoven-Konzert spielen können. Lisa Batiashvili, Julia Fischer, Arabella Steinbacher, Viviane Hagner, Hilary Hahn, Janine Jansen – das sind alles erstaunliche Musikerinnen. Und es kommen immer noch mehr dazu. Das hat es früher nicht gegeben. Was da für ein ernsthaftes Niveau zu finden ist! Und man hat nicht den Eindruck, das sei jetzt die russische Geigenschule oder die Produktion von Dorothy Delay aus New York, sondern man hört die Musik. Unter den jungen Pianisten, die derzeit bekannt sind, ist es – bitte, es gibt immer Ausnahmen! – ganz anders. Ich würde nicht sagen, daß da viele imstande sind, ein gutes Beethoven-Konzert zu spielen oder ein gutes Mozart-Konzert. Denen geht es um andere Sachen – um Selbstdarstellung.

Zeit: Gab es die nicht immer?

Brendel: Ja, es gab früher auch solche Pianisten. Und es gibt heute auch andere. Das möchte ich ganz grundsätzlich sagen: Ich fühle mich durchaus nicht als der Letzte einer Ära, wie das oft geschrieben wird. Es gibt sehr wohl junge

Musiker, die eine ähnliche Vorstellung von Musik haben wie ich.

Zeit: Aber der Letzte Ihrer Generation sind Sie schon in gewisser Weise.

Brendel: Ich habe mich nie als Mitglied einer besonderen Tradition gefühlt. Für mich gab es nur eines – und das war das Stück.

Zeit: Einer unserer Kollegen hat Sie einmal den Alterspräsidenten des internationalen Hochpianistenwesens genannt. Wen schlagen Sie in dieser Position denn als Ihren Nachfolger vor?

Brendel: Präsidenten kann ich nicht ernst nehmen. Ich denke nicht in diesen Kategorien. Ich höre mir, wann immer ich Zeit habe, junge Pianisten an und versuche ihnen ein bißchen zu helfen, auch ganz junge, bei denen man noch etwas abwarten muß. Der Allerjüngste ist 16 und wirklich ein unglaublicher Sonderfall. Ein richtiges Wunderkind, nicht nur als Pianist, sondern auch als Komponist, als Mathematiker, er jongliert mit fünf Bällen. Ich bin wirklich neugierig, was aus ihm einmal wird.

Zeit: Wollen Sie uns seinen Namen verraten?

Brendel: Kit Armstrong heißt er, ein Amerikaner mit taiwanesischer Mutter, der jetzt in London lebt. Wie er Bach spielt mit einer Natürlichkeit und einer völligen Kontrolle der Stimmen, mit einem gesunden Rhythmus und einem Eigenleben, das der Musik nicht schadet – das ist sehr aufregend. Er hatte Manager, die ihn den Medien am liebsten gleich in den Rachen geworfen hätten. Ich will aber auf keinen Fall, daß seine Karriere zu schnell geht. Zwei Jahre lang habe ich ihn deshalb stark gebremst. Aber jetzt allmählich wird er zum Vorschein kommen. Dieser junge Mann kommt nicht von der Virtuosenmusik, obwohl er sehr gute Finger hat. Er kennt alle Mozartsonaten, Bach, die Grundlagen sind vorhanden. Und das unterscheidet ihn von den meisten der heute im Schwange befindlichen Pianisten. Wenn man mit solchen Begabungen arbeitet, versteht man etwas besser, was im Hirn von Mozart oder Schubert vorging. Wie Leute zehnmal schneller als unsereiner, aber mit der größten Konzentration Dinge aufnehmen. Ich habe ihn einmal gefragt: Was liest du? Du hast wahrscheinlich wenig Zeit zum Lesen. Da hat er gesagt: *I read fast.*

Zeit: Wir dachten mit der Nachfolgerfrage eher an arriviertere Leute wie Pierre-Laurent Aimard.

Brendel: Pierre-Laurent ist ein Freund von mir, ich schätze ihn außerordentlich. Er ist ein grandioser Spieler der Musik des 20. Jahrhunderts, der sich jetzt im Repertoire zurückarbeitet in die ältere Literatur. Es gibt auch noch jüngere, die ich seit längerer Zeit beobachte und die ihren Weg machen wie Till Fellner oder Paul Lewis, der in Deutschland noch viel zu wenig bekannt ist.

Zeit: In Ihren Gedichten tauchen mehrfach gefährliche Klavierteufel auf, die zwischen den Tasten lauern und es auf die Finger abgesehen haben. Welcher Art ist Ihr Verhältnis zum Instrument? Ist es auch von Furcht geprägt?

Brendel: Das Verhältnis ist liebend – wenn das Instrument wirklich gut ist. Ich bin da allerdings sehr anspruchsvoll. Ich will, daß der Flügel von oben bis unten ganz gleichmäßig intoniert ist, daß nie eine Lage oder einzelne Töne hervorragen, daß die dynamischen Möglichkeiten überall die gleichen sind, vom Pianissimo zum Fortissimo. Mit zunehmendem Alter spiele ich nur noch auf Flügeln, die ich gut kenne und die tadellos eingerichtet sind. Ich kann es physisch nicht mehr riskieren, auf zu vielen verschiedenen Flügeln zu spielen.

Zeit: Was heißt das?

Brendel: Es gibt dann mehr Widerstand und Behinderung, ja Schmerzen. Man ist sehr abhängig vom Instrument. Jüngere vielleicht weniger. Die Armen müssen noch auf allem spielen, was herumsteht. Solche Sachen vermeide ich. Man möchte im Alter nur noch die eigenen Fehler machen und nicht mehr die des Instruments.

Zeit: Ist es ein Problem, daß die Kräfte im Alter nachlassen und gleichzeitig die Vorstellungen darüber, wie Stücke zu klingen haben, immer präziser werden?

Brendel: Es kommt darauf an, welche Werke man spielt. Ich habe mir in den letzten Jahren sehr genau ausgesucht, was ich spiele, und die athletischen Stücke beiseitegelegt.

Zeit: Zum Beispiel?

Brendel: Die *Hammerklaviersonate* von Beethoven, Schuberts *Wandererfantasie*, die *Liszt-Sonate*, die beiden *Brahms-Konzerte*. Ich habe diese Sachen lang genug gespielt, jetzt spiele ich anderes. Es bleibt ja so viel übrig. Vor 15 Jahren hatte ich Schwierigkeiten mit dem linken Arm und mußte ein paar Monate aussetzen. Ich habe danach versucht, mich auf meinen Körper einzustellen, und das ist mir wohl auch gelungen.

Zeit: Freuen Sie sich, in Zukunft weniger reisen zu müssen?

Brendel: Schon, aber ich wäre auch nicht glücklich, wenn ich nur zu Hause sitzen würde. Ich will ja weiterhin in Ausstellungen gehen, Theaterstücke anschauen oder romanische Architektur entdecken.

Zeit: Wie steht es denn bei Ihnen mit den klassischen Pensionärsbeschäftigungen? Sind Sie eher der Typ, der im Alter Ornithologe wird oder ein Nachmittagsfernsehgucker?

Brendel: Keines von beidem. Ich bitte Sie!

Zeit: Sind Sie der Typ, der mit den Enkeln Mensch ärgere Dich nicht spielt oder einen Computerkurs anfängt?

Brendel: Vergessen Sie es. Ich habe keine Enkel.

Zeit: Und wie sieht es mit Rosenzüchten aus?

Brendel: Um Gottes willen. Ich bin allergisch gegen Rosen. Walter Gieseking hat, glaube ich, Blumen geschnitten und sich auch gern mal einen Dorn in den Finger gezogen. Rosen? Wirklich nicht. Das Einzige, was ich mir vorstellen kann, ist, wenn ich mal nicht mehr reisen kann und in irgendeiner Weise behindert sein sollte: Ich würde meine Sammlung von Filmen vergrößern und mir gewisse Gebiete systematisch zu Gemüte führen.

Zeit: Was ist das für eine Sammlung?

Brendel: Ach, ich bin schon immer gern ins Kino gegangen. Mein Vater war eine Zeit lang Kinodirektor. Im Moment habe ich gerade wieder ein paar alte spanische Filme gesehen, die ich ganz großartig finde, nicht nur die Buñuel-Filme, sondern etwa den ersten Film von Victor Erice *Der Geist des Bienenstocks* oder einen der frühen Saura-Filme, *Cría Cuervos*. Das sind zwei der großartigsten Filme, die ich kenne.

Zeit: Stellen Sie sich vor, Sie haben am Ende Ihrer Karriere einen Wunsch frei, der sofort und für alle Zeit in Erfüllung geht. Was wünschen Sie sich?

Brendel: Daß niemand mehr in einem Konzert hustet.

Zeit: Wie kriegen Sie es eigentlich selbst hin, im Konzert nicht zu husten?

Brendel: Ich muß mich sehr anstrengen, manchmal muß ich sogar weinen. Ich habe schon Hustenreiz und warte dann bis zu einem wirklich lauten Moment. Meine Konzerte habe ich mehrmals wegen der Husterei unterbrochen, und danach waren die Leute plötzlich still. Daran kann man sehen: Es geht! In Chicago habe ich unterbrochen, als ich ein ganz leises Stück spielte, ich sagte: »*Ladies and Gentlemen, I can hear you, but you can't hear me.*« Dann waren sie still. Die Leute können heute nicht mehr zivilisiert husten. Früher hatte jeder ein Taschentuch, heute hustet jeder einfach raus oder räuspert sich aggressiv. Im Englischen gibt es das Anagramm *listen – silent*. Das fällt mir in diesem Zusammenhang immer wieder ein. Wenn die Leute ins Konzert gehen, kriegen sie etwas geboten, aber sie wissen nicht, daß sie auch etwas mitbringen müssen, um das zu ermöglichen – nämlich Stille!

Zeit: Der Lärm der Welt nervt Sie?

Brendel: Ja, ich hasse Lärm. In der Musik baut alles auf Stille auf.

Zeit: Wissen Sie schon, was Sie am Morgen nach dem letzten Konzert machen werden?

Brendel: Ausatmen.

Uns gemeinsam. Einer Schauspielerin

Etwas sagen
Etwas zum Vorschein bringen

Zugleich singen und sprechen
wie in Mozarts Opern

Mit Klang oder Stimme
den Ablauf der Zeit ordnen

Körperhaft sich bewegen
in Sprache und Klang

Sich selbst nicht genügen
also Rollen spielen

dem Autor dem Text dem Stück
liebevoll kritisch zu Diensten

fürchtend
daß die Lust am Widerspruch
die Verführung der Willkür
der dogmatische Scheinwerfer der Idee
dem Meisterwerk sich aufdrängen möchte von außen

hoffend
daß das Wort die Töne die Aura
im glücklichsten Fall
auf uns übersprängen
den Charakter uns aufschließend von innen
denn auch Musikstücke
sind Charaktere

Bereit in alles sich zu verwandeln
ohne sich zu verlieren

deutlich zu sein ohne Zwang
fühlend ohne Schwall

jederzeit den nächsten Augenblick zu planen
zugleich sich überraschen zu lassen

sich preiszugeben
gleichwohl zu verschwinden

Gedanken zu Leben und Kunst

(Gespräch mit Martin Meyer, 2006)

Sie sind ein überaus erfolgreicher Musiker. Doch einmal von der anderen Seite her gefragt: Was wäre – im Rückblick auf hypothetische Korrekturen Ihres Lebens als eines Künstlerlebens – anders zu machen gewesen?

Ich kann mich nicht beklagen. Es ist ja erstaunlich gut gegangen. Und statt mein Schicksal im Detail zu korrigieren, erfinde ich jetzt Szenarien, die mein Leben in eine andere Richtung gelenkt hätten.

Wenn ich Ihren schwarzen Humor in Rechnung stelle, versprächen auch jene Szenarien keine allzu bürgerlich-friedliche Ambience. Können Sie Beispiele nennen?

Erstens: Musikereltern. Kein Krieg, keine Erinnerung an Nazis und Faschisten, an Hitler und Goebbels im Radio, an Soldaten, Parteigenossen und Bomben. Sodann Klavierstunden bei einem Neffen Rachmaninows in Amerika. Kompositionsstudium bei Schönberg in Los Angeles. Filmmusiken für Woody Allen.

Das klingt allerdings vielversprechend, und ich freue mich, daß so wenigstens im spielerischen Konjunktiv eine gewisse Nähe zu Rachmaninow zustande kommt. Aber noch Skurrileres wäre wohl möglich.

Also gut: Künstlereltern. Vater Bildhauer und Tierausstopfer, Mutter Tänzerin und Diseuse. Frühzeitig Zuträger von Fundgegenständen für Joseph Cornell, dessen Assistent ich wurde.

Alle Cornell-Boxen, in denen Vögel oder Ballerinen vorkommen, sind eigentlich von mir. Danach Drehbuch-Autor von Buñuel-Filmen. Schöpfer des Grazer Dada-Mahnmals, bei dessen Enthüllung sich der Bürgermeister verpflichtet hatte, stets auch das Gegenteil zu sagen.

Das Gegenteil zu spielen wäre vermutlich wieder zu einer Hommage für Rachmaninow geworden ... Aber im Ernst: mir ist Ihre Begeisterung für Dada, mit oder ohne Mahnmal, nie ganz plausibel geworden. Maske, Rhetorik und die Schaubühne des Kabaretts vertragen sich doch nicht mit dem Ernst des Interpreten.

Wenn ich Beethoven spiele, bin ich kein Dadaist. Dennoch wird selbst der seriöseste Musiker ohne eine Beziehung zu Maske, Bühne und Rhetorik nicht auskommen. Dazu mein drittes Szenario: Schauspielereltern. Mein Vater, der sachlichste Hamlet seiner Generation, meine Mutter eine Tragödin, deren Schreie als Messalina, der Charlotte Wolter nachempfunden, gefürchtet waren. Als Kind zahlreiche Auftritte am Burgtheater, bevor ich zu den Wiener Kellerbühnen desertierte. In der Wiener Premiere von »Warten auf Godot« spielte ich abwechselnd Estragon und Vladimir, danach mit überwältigendem Erfolg »Victor« von Vitrac. Charakterrollen in Antonioni-Filmen neben Monica Vitti, die beinahe meine dritte Frau wurde.

Letzteres hätte mich allerdings, wenigstens damals, neidisch gemacht. – Doch zurück ins reale Leben. Welche Projekte beschäftigen heute den Interpreten und Konzertsolisten?

Das, was ich schon kann, noch besser können. Die Mozart-Sonaten weiterführen. Mit den nettesten Dirigenten und besten Orchestern spielen. Die Konstitution eines 75jährigen in

Rechnung stellen. Architektur besichtigen, Museen und Ausstellungen besuchen, also: mehr Zeit haben. Alte Filme ansehen. Große Literatur wiederlesen. Gedichte schreiben. Vorträge halten. Trotz des Zustandes der Welt versuchen, glücklich und dankbar wenigstens auszusehen.

Wahrlich ein großes Pensum, doch – wie mir scheint – gut balanciert zwischen Kontemplation und Vita activa. Der 75jährige wirkt freilich, wenn ich so sagen darf, überaus rüstig. Besteht da überhaupt die Notwendigkeit, sich Gedanken zu einem möglichen »Spätstil« des Interpretierens zu machen?

Gute Frage. Schon in jungen Jahren hatte ich den deutlichen Eindruck, der sogenannte Altersstil sei ein Kompromiß mit der Arthritis. Für Arthritis setze man Gelenkschäden, Muskel- und Nervenentzündungen und was sich sonst noch an Leiden ansammelt: Ein Musiker, der sich nach siebzig seinen natürlichen Schwung bewahrt hat, ist also selten.

Namen gefällig?

Arthur Rubinstein war wohl ein solcher Fall. Unter den Dirigenten nenne ich als erstaunliche Beispiele Claudio Abbado und den achtzigjährigen Charles Mackerras. Bruno Walter meinte übrigens, daß man im Alter fließender musiziere, weil man auf Grund eines größeren Überblicks weniger Zeit brauche. Auf ihn selbst traf dies indessen keineswegs zu. Ich erinnere mich etwa an eine späte Aufführung von Schuberts »Unvollendeter« in Wien, die, nach einem herrlichen ersten Satz, im zweiten den Bläsern das Äußerste an Luft abverlangte – das klang wie ein aufs Letzte hinausgezögerter feierlicher Abschied.

Aber es gab und gibt doch eine ganze Reihe von musizierenden Künstlern, die im Alter dieses zugunsten einer spätesten Jugendlichkeit vergessen machen wollten – selbst eher introvertierte Figuren wie Rudolf Serkin oder Horowitz wären hier zu nennen.

Ich vermerke mit Interesse, daß Sie Horowitz den Introvertierten zuschlagen. Es gibt allerdings Fälle, in denen alternde Künstler jugendlicher sein wollen als die Jungen. Der alte Casals, der ja als Cellist kein Heißsporn war, dirigierte in Marlboro Aufführungen der »Achten« von Beethoven und der »Vierten« von Mendelssohn geradezu hektisch. Der ideale Altersstil wäre eine Verbindung aus Weisheit und Frische. Peinlich wird es, wenn hochbetagte Virtuosen – ich nenne keine Personen! – es nötig finden, sich an Chopins As-Dur-Polonaise immer noch zu beweisen.

Fiele Ihnen selbst ein Abschied vom aktiven Solistenleben schwer? Oder noch konkreter: Treffen Sie schon Vorbereitungen für denkbare Übergänge und Prozesse der Ablösung?

Es gibt Menschen, die lassen sich von allem überraschen. »Wenn eine Krankheit kommt, dann warten wir eben, bis sie da ist und reagieren darauf.« Mein Stil ist das nicht. Es wird immer noch genügend Überraschungen geben, Dinge, die man nicht voraussehen kann. Eine solche Überraschung waren zum Beispiel meine Gedichte. Aber manches sollte man doch antizipieren und vorausfühlen, um es zu verhindern oder um den Schock zu mildern.

Pardon, aber das klingt mir nun doch ein wenig gar theoretisch oder abstrakt.

Natürlich werde ich einmal aufhören zu spielen – gezwungenermaßen oder freiwillig. Das wird nicht leicht sein, denn die musikalische Einsicht schreitet fort, wird präziser im Detail, fühlt besser das Wesentliche, während die physische Kraft und Mobilität wohl irgendwann nachläßt; ebenso die Fähigkeit, sich über lange Strecken zu konzentrieren. Da haben es die Dirigenten leichter, denn das Orchester spielt weiter.

Thomas Mann stellte sich – spät in seinem Leben – einmal vor, daß der Körper relativ tüchtig weiterexistieren könnte, während die Geisteskraft versiegte. Proust, umgekehrt, zeigte Angst, daß die schwindende Physis seine Ideen und Gedanken nicht mehr zu Papier bringen würde. – Was wäre denn schlimmer?

Wohl der von Thomas Mann in Aussicht gestellte Horror. Gerade auch dann, wenn ich daran denke, mich nach der Karriere des Solisten mit anderem zu beschäftigen: mit Vorträgen und gelegentlichen Kursen, mit dem Schreiben – immer vorausgesetzt, daß Augen, Ohren und Verstand noch funktionieren. Worauf ich mich aber jedenfalls freue, ist, mehr Zeit für das Persönliche zu haben, weiterhin zu reisen, Kunst zu besichtigen, neue Musik zu hören, im Theater auf der Stuhlkante zu sitzen und meine Kinolücken zu füllen.

Weitere Überraschungen?

Als mein erster Gedichtband erschien, schrieb mir Jürg Laederach, er erwarte von mir nun einen Kirchenbau in Hampstead.

Da hätte der liebe Gott gewiß Freude bekundet, einen Atheisten wenigstens als Baumeister zu seinem Lobe begrüßen zu dürfen. – Doch noch zu Früherem: Wäre es für Sie wirklich interessant, Meisterkurse zu geben? Ihr pädagogisches Ethos hatte doch bisher nicht oberste Priorität?

Zumindest hat es sich in den letzten dreißig Jahren lieber auf die Unterweisung einzelner beschränkt. Trotzdem könnte mich die Idee wieder reizen. Denn in einem guten Meisterkurs sollten sich alle Anwesenden darin verbunden fühlen, daß es nicht um sie geht, nicht um Personen, sondern um die Musik, um das jeweilige Werk. Von der Komposition soll der Impuls ausgehen, ihr Besonderes sich übertragen, das durch allgemeine Regeln oder Rezepte nicht erschöpft werden kann.

Ich sehe und höre Legionen von begabten, aber auch graumäusig geduckten Pianisten, die uns und sich selbst mit ihrer Werkgerechtigkeit langweilen.

Ich wittere in Ihnen eine gewisse Vorliebe für exzentrische Tastenlöwen. Was ist schlimmer: Werkgerechtigkeit oder Selbstgerechtigkeit? Lassen wir Gerechtigkeit beiseite. Von den Werken sollten die aufregendsten Impulse ausgehen; der Pianist und schon gar die Pianistin sollten mit ihrer Hilfe geradezu aufblühen. Natürlich muß man junge Spieler zur Selbständigkeit erziehen. Anderseits muß man ihnen bis in die letzte Note nachweisen, wie genau eine Aufführung zu erarbeiten ist. Man kann das nur anhand seiner eigenen Vorstellungskraft und mit Hilfe seiner persönlichen Erfahrungen vermitteln: als Beispiel, aber nicht als die eine, endgültige Wahrheit.

Auch hier erbäte ich, übers Allgemeine hinaus, noch ein paar konkretere Hinweise, auch für unseren pianistischen Nachwuchs.

Also: Manche Probleme lassen sich nicht in der Vorstellung und schon gar nicht mit Regeln lösen. Der Spieler muß am Instrument experimentieren, mit wachen Ohren, und dann den Moment festhalten, wo eine Stelle plötzlich einleuchtend klingt: Aha! Dieser Ton ist hervorzuheben und nicht der nächste. Aber selbst Wahrnehmungen dieser Art genügen nicht, wenn sie nicht mit der größten Genauigkeit verbunden sind – wie groß darf die Nuance sein, was bewirkt sie in der Phrase?

Können Sie Beispiele aus der Musikliteratur dafür beibringen?

Die Beispiele, die mir einfallen, kommen nicht von Musikern, sondern von Filmemachern. Jean-Claude Carrière berichtet, wie Jacques Tati sich persönlich um Geräusche in seinem Film »Mon Oncle« kümmerte. Es ging darum, das richtige Geräusch zu finden, mit dem ein Glas auf dem Küchenboden zerspringt. Tati besorgte sich verschiedene Gläser, in etwa dreißig Kisten, die er dann »mit größtem Ernst, eines nach dem anderen, auf verschiedene Bodenbeläge fallen ließ«. Und Chaplin studierte angeblich die Dialoge mit dem Blumenmädchen in »City Lights« über viele Stunden minuziös ein, obwohl man im Stummfilm die Wörter ja nicht verstand und die Stimmen nicht hörte. Ein gutes Modell: etwas genau ausarbeiten und dann die Arbeit im Resultat soweit als möglich verbergen!

Welche Ratschläge – in künstlerischer, aber auch in menschlicher Hinsicht – wären heute jungen Musikern zu erteilen?

Junge Pianisten sollten Musik in ihrer ganzen Breite kennenlernen – also nicht nur die Klaviermusik. Sie sollten Kompositionsunterricht nehmen und, soweit das reicht, komponieren. Sie sollen, wenn sie Virtuosen sein wollen, keine dummen Virtuosen sein, sondern ihre Virtuosität der Musik unterordnen als ein Mittel zum Zweck, nicht mehr und nicht weniger. Sie sollten ihr Talent als ein Versprechen auffassen, das langfristig einzulösen ist, mit Geduld, Energie und einer guten Mischung aus Begeisterung und Skepsis. Sie sollten, statt Schablonen anzulegen, bereit sein, ständig zu lernen – jedes neue Stück, jeder neue Takt ist eine neue Aufgabe.

Das scheint mir ein Lebenspensum zu sein.

Ganz genau, das geht hoffentlich das ganze Leben weiter. Sie sollten aber nicht nur von anderen Instrumentalisten, von Sängern und Dirigenten lernen, sondern auch von Schauspielern. Musik ist alles mögliche: Lyrik, Erzählung, aber auch großes Theater. Und schließlich sollten sie leben, lieben, mit Anstand leiden und sich freuen. Das ist natürlich zuviel verlangt …

Musik im Leben, oder besser: aus den weiteren Energien des Lebens geschöpft. Da erinnere ich mich, daß Sie als Kind selber auf der Bühne gestanden sind. Ihr Vater leitete während Ihrer Schulzeit ein Kino. Welche Bedeutung haben für Sie heute das Theater und der Film?

Für mich sind beide in ihren besten Beispielen magisch geblieben. Gute Schauspieler sind Brüder und Schwestern, große Schauspieler sind Vorbilder. Denn ja: auch der musikalische Spieler muß Rollen spielen, charakterisieren, sich verwandeln nach dem Willen des Komponisten. Was beim Musizieren in die Musik hineinfließt, agiert der Schauspieler aus mit seinem Gesicht, mit seiner Stimme, mit seinem Körper.

Um Nietzsche abzuwandeln: die Gestalt der Musik aus dem Geiste der Tragödien?

Man muß es nicht so eng fassen. Auch die Komödie gilt. Aber sicher ist ein Teil der Musik auch Drama, spiegelt menschliche Aktionen und Reaktionen. Auch im Sprechtheater gibt es übrigens Musik, Bühnenmusik, gute sogar: Ich erinnere mich etwa an die Musik von Maurice Jarre für das »Theatre National Populaire«. Und Harrison Birtwistle war ja jahrelang Hauskomponist des »National Theatre« in London. Im Durchschnitt ist Theatermusik besser als Kinomusik. Filmkompositionen – oder Soundtracks, wie das jetzt heißt – sind meistens schrecklich.

Das deucht mich etwas schroff und geht vielleicht von der falschen Voraussetzung aus, daß die Filmmusik für sich selbst stehen soll, während sie doch ihre Funktion im synästhetischen Verbund mit dem Bild erfüllt. So verstanden es sowohl Hitchcock wie Fellini, ihren Filmen in kluger Kooperation mit den Komponisten meisterliche Tonfarben zu unterlegen.

Ich wünschte, ich könnte Ihnen beistimmen. Meisterlich ist für mich bei diesen Komponisten wohl nur die Routine – wenn das nicht bereits ein Widerspruch in sich selbst wäre. Was geliefert wird, ist, von wenigen Ausnahmen abgesehen, prätentiöse Unterhaltungsmusik, oder aber ein sentimentaler Schmarren. Am übelsten sind Filmpartituren mit künstlerischem Anspruch, sofern sie aus dem falschen Haus kommen. Ich denke vor allem an Filme, in denen die Musik im Mittelpunkt steht, wie Jane Campions »The Piano« oder Kieslowskis »Trois Couleurs: Bleu«; da sitzen dann die Leute neben mir im Kino mit Tränen in den Augen und merken nicht, daß die äußerste Geschmacksgrenze unterschritten ist. Es gibt dafür ein Wort.

Sie meinen Kitsch?

Ich meine Kitsch. Aber ich will Ihnen jetzt zur Abwechslung eine glänzende Filmmusik nennen: jene zu »City Lights«. Sie stammt von einem musikalischen Amateur, nämlich von Chaplin selbst, wurde wohl am Klavier improvisiert, ist aber genau das, was der Film braucht. Besonders schön kann es freilich sein, wenn es gar keine Musik gibt – wie bei Tarkowski (nur diese inspirierten Geräusche) und beim späten Buñuel, der ziemlich taub war – außer es singt gerade jemand.

Allerdings ist der Film – verglichen mit der komponierten Musik und dem zunächst geschriebenen Theater – ja ein Medium sui generis: frei und offen, gestaltet allein aus der Ideen- und Bilderwelt des Regisseurs, der damit schon auch sein eigener Interpret ist.

Richtig. Auf dem Theater, ähnlich wie auf dem Konzertpodium, muß die Aufführung ihre Verantwortung dem Stück und dem Text gegenüber beweisen – was heute, leider, allzu selten geschieht. Es sollte etwas belebt werden, was schlummernd schon da ist. Filme, wenn sie nicht »Remakes« sind, sind in der Tat Schöpfungen. Natürlich gibt es oder gab es hier und da Filme mit hervorragenden Drehbüchern, in denen jedes Wort sitzt: wie »All About Eve« oder »Jeux Interdits«. Meist jedoch scheint die Entstehung eines Films im Fluß zu bleiben und – als eine Liaison von Ordnung und Zufall – am Schneidetisch zu enden, wenn nicht zu kulminieren. In meinem eigenen Leben wäre dieser Prozeß eher eine Parallele zur Entstehung meiner Gedichte.

Wenn Sie Ihre Gedichte erwähnen: Manche Bilder und Metaphern und auch die rhythmischen Wechsel derselben scheinen mir inspiriert zu sein vom visuellen Reichtum des Films.

Ich hoffe, Sie haben recht. Aber noch etwas anderes und Wichtiges kommt hinzu: der Mut des Films zur Groteske. Für mich ist Chaplin, der heute da und dort Verachtete, in seinen früheren Filmen immer noch das Universalgenie des Kinos. Als erfahrener Kitschsammler möchte ich übrigens sagen: Die Schluß-Szene aus »City Lights« hat mit Kitsch nichts zu tun, sie ist im Gegenteil großes, tragisches Theater. Wo Chaplin mit Postkartenbildern des Kitsches spielt, verwandelt er Lüge in Wahrheit.

Ich gebe zu, daß ich Ihnen da nicht ganz folgen kann. Auch fürchte ich, daß wir Intellektuellen wohl oft ein wenig zuviel in Chaplins Absichten hineinlesen. Ein anderer Filmkünstler, den Sie besonders schätzen, findet hingegen auch meine Begeisterung: Luis Buñuel.

Buñuel ist für mich einzig. Auf niemanden ist das Wort »surreal« legitimer anzuwenden. Buñuels beste Filme sind höhere, konzentrierte Realität. Diese Verbindung von Klarheit und Gelassenheit mit der subversiven Welt des Traums macht den Traum wirklich und die Wirklichkeit anarchisch. »Viridiana« oder auch »Le Fantôme de la Liberté« sind befreiende Filme, wenn auch nicht gerade eine Anleitung zum guten und vernünftigen Leben.

Meint solche Subversion nicht »Mit Entsetzen Scherz treiben«, wie es Goethe kritisch formulierte? Freilich kenne ich Ihre Neigungen zu einer sozusagen höheren, gedanklichen Anarchie.

Nun, soweit ich sehen kann, war Goethes Empfänglichkeit für das Komische jeder Art eher begrenzt. Ich hingegen fand tatsächlich schon in jungen Jahren, daß sich auf diesem Grat zwischen dem Grotesken und dem Makabren ganz Wesentliches in der neuen Kunst ereignete. Musikalisch standen dafür Ligetis »Aventures et Nouvelles Aventures«, auf dem Theater natürlich Ionesco und Beckett.

Also radikale Entgötterung plus Komik oder auch menschliche Hinfälligkeit mit einem sanften Hinweis auf dennoch mögliche Erlösung. Und wenn wir schon beim Komischen sind: Lachen Sie gerne? Oder lachen Sie eher im Gedanken an ein denkbares Lachen?

So kompliziert ist das bei mir nicht. Ich lache gerne, wenn auch nicht mehr so oft wie früher. Der Aufklärer in mir erfreut sich herzlich an der Kritik des Absoluten, des Sich-selbst-völlig-ernst-Nehmenden, des Aufgeplusterten. Er freut sich deshalb auch über Blasphemie. Das ist schöne, gesunde Subversion. Angesichts dessen, was die Religionen in der Geschichte angerichtet haben und auch heute, wie jeder sehen kann, großzügig anrichten, kann es kaum genug davon geben. Ein wunderbarer Film, der in dieses Fach gehört, ist René Cléments »Jeux Interdits« von 1952. – Hier, zu diesem Thema, ein Gedicht:

> Jetzt seht euch diese Engel an
> die in ihrem himmlischen Harnisch
> alles kurz und klein schlagen
> was nicht zur höheren Ehre
> sabbernd auf die Knie fällt
> ein Leib- und Seelengemetzel
> von apokalyptischer Vollständigkeit
> dem nur jene von uns
> nicht rettungslos zum Opfer fallen
> die ihren Schutzteufel mit dabei haben
> ein
> in diesen Zeitläuften

kaum zu überschätzendes Wesen
dessen Fähigkeit
in den Ruinen und Schlupflöchern des Neuen Jerusalem
sich häuslich einzunisten
uns zweifellos
vor dem Schlimmsten bewahren wird.

Ich sehe, die Teufel haben hier eine geradezu rettende Funktion erhalten – ich hoffe dennoch nicht, daß sie daneben ihrer subversiv eingreifenden Potenz verlustig gehen. In diesem Zusammenhang eine Anschlußfrage: Würde sich der Künstler Alfred Brendel eher dem »dionysischen« oder vielmehr dem »apollinischen« Typus zuordnen wollen?

Es gibt einen, vielleicht aus Österreich stammenden, Schlüssel für den Umgang mit Alternativen: Nicht »Entweder-Oder«, sondern »Entweder-und-Oder«. Das scheint mir übrigens auch politisch manchmal das einzig Vernünftige, eine Kombination von Veränderung und Bewahrung. Nun auf die Kunst bezogen, erinnert mich Nietzsches Dichotomie an die Positionen von C. P. E. Bach gegenüber Busoni bzw. Diderot. Nur wer selbst gerührt ist, vermag sein Publikum zu rühren, sagt der eine. Die anderen beiden postulieren genau das Gegenteil: Wer sein Publikum rühren will, darf selbst nicht gerührt sein, er verlöre sonst die Kontrolle über seine Mittel. Meiner Ansicht nach ist beides zugleich notwendig. Rausch allein erzeugt kein Kunstwerk, erst Kontrolle und Überlegung machen es dazu. Dem Chaos – um wieder einmal diesen Gedanken von Novalis zu zitieren – ist es dann gestattet, »durch den Flor der Ordnung zu schimmern«.

Welche Komponisten, welche Musikstile, welche Stücke favorisiert das denkbar apollinische Alter generell – im Unterschied zu den dionysischen Auftrieben der Jugend?

Generell kann ich das nicht beantworten. Es kommt vermutlich darauf an, worauf man sich in den früheren Jahren schon eingelassen hat. Mein Freund Isaiah Berlin, der lange Zeit die italienische Oper über alles bewunderte und regelmäßig zum Rossini-Festival nach Pesaro fuhr, hörte in seinen letzten Jahren mit Vorliebe die Kammermusik von Beethoven und Schubert. Nach der Musik, die ihn als eine »naive« früher entzückt hatte, holte ihn nun die »sentimentalische« ein.

Und wie steht es mit Ihnen selbst? Haben Sie sich für die Zukunft etwas Proviant zur Seite gelegt?

Was mich persönlich betrifft, so freue ich mich, abgesehen von der neuen Musik, immer herzlicher an Haydn und Händel. Viele der Streichquartette und Sinfonien Haydns liegen noch vor mir, aufgespart für meine alten Tage. Haydn als der Meister der Überraschung, der halb kindliche, halb rokokohaft raffinierte Entdecker neuer Formen und Ordnungen, der zugleich so gern humoristisch gegen Ordnungen verstößt. Daneben Händel, der »Plein-air«-Komponist mit dem offensten Horizont, der unerschöpfliche und großzügige Melodiker im Ausgleich zur kontrapunktischen Dichte und Besessenheit Bachs.

Sowohl Händel wie Haydn sind dem Diesseits gleichsam wohlwollend zugeneigt, ohne sich allzu sehr ins Metaphysische, sei es einer theologischen, sei es einer pantheistischen Spielart, vorzuwagen.

Ja; beide reichen zwar immer wieder tief in den Ernst hinein, sind aber bei aller Vielfalt doch von Natur aus helle Komponisten und keine Todesengel. Vielleicht wünscht man sich im Alter weniger die Abgründe der Melancholie, die unentrinnbarsten komplexen Ordnungen oder die übermenschliche

Vollendung. Übrigens stört es mich nicht, wenn man Händel nachweist, er hätte manches von anderen Komponisten entlehnt: Keiner von diesen ist ein Händel gewesen. Sogar in der Adaptierung schafft er sich diesen eigenen, weit atmenden, kraftvollen Stil.

Wenn ich Ihren Ausführungen lausche, stellt sich natürlich auch die Frage, ob der Musikschriftsteller Alfred Brendel weitere Pläne hat.

Ich denke eher an Vorträge, die sich mit den – guten und fragwürdigen – Gewohnheiten und Möglichkeiten der Interpretation beschäftigen. Vieles davon kann man nicht niederschreiben, man muß es musikalisch demonstrieren.

Der Schriftsteller als Lyriker hingegen ist weiterhin aktiv und produktiv. Welchen Stellenwert beansprucht inzwischen die lyrische Tätigkeit aus der Sicht des Autors?

Nicht die eines Hobbys! Das werden sich die Dichter, die nur dichten, vielleicht zwangsläufig so vorstellen: Da spielt einer Klavier und schreibt nebenbei zum Spaß Gedichte. Oder: Er spielt mit dem weggestreckten kleinen Finger sogar in seinen Gedichten. Ein weggestreckter Finger zuviel. – Nein, nein. Das Schreiben war ja schon längst meine zweite Natur. Aber seit den Gedichten schreibt da ein »Alter ego«.

Was heißt das konkret? Gelingt es Ihnen tatsächlich, sich sozusagen über die Schulter zu blicken?

Ich lese und höre meine Gedichte und kritisiere sie wie die Gedichte eines anderen, die mich zwar merkwürdig verwandtschaftlich berühren, zugleich aber von mir wegführen ins Unbekannte. Ohne diesen schwarzen Spuk der Distanzierung fände ich das Spiegelbild nicht des Hinsehens wert. Der schwarze Spuk ist aber nicht nur schwarz, er hat auch seine komischen und kuriosen Seiten. Ein Kenner der heutigen Lyrik nannte meine Gedichte in ihrer gesammelten Form eine »negative (heitere) Kosmologie«. Als ich unlängst im Gespräch mit Seamus Heaney, dem irischen Dichter, eines meiner Lieblingsbücher, Italo Calvinos »Cosmicomics«, erwähnte, sagte er, meine Gedichte seien doch ebenfalls »Cosmicomics«. Allerdings sind nicht alle davon komisch. Oder gar kosmisch.

Seit Sie Gedichte schreiben, sind Sie immer wieder auch als Ihr eigener vorlesender Interpret in Erscheinung getreten. Ich erinnere mich an einen Abend in Luzern, als Sie, zusammen mit dem Pianisten Pierre-Laurent Aimard, ein höchst vergnügliches Zusammenspiel zwischen Lesung und musikalischem Vortrag gaben. Was unterscheidet für Sie selbst die lesenden Auftritte von den musikalischen?

Zunächst dies, daß ich meine eigenen Produkte vortrage und nicht die Texte anderer. So irre ich mich beim Lesen seltener als beim Spielen. Es wird da so gut wie nie gehustet. Bei meinem ersten Besuch in Dortmund allerdings ließ mich das Publikum völlig im Stich: niemand lachte, und eine unglaublich häßliche Dame schaute mich böse an. Ich lese meine Gedichte gerne vor, weil man sie hören soll. Ich höre sie ja beim Niederschreiben.

Dürfen, sollen auch andere Ihre Gedichte rezitieren?

Natürlich. Bloß: Wenn andere sie vorlesen oder gar rezitieren, kommt gewöhnlich etwas Schiefes heraus, es sei denn, Jutta Lampe oder Isabelle Huppert geben mir die Ehre. Eine rühmliche Ausnahme war Harold Pinter, der einmal sechs meiner Gedichte vorlas – das stimmte genau, auf seine Weise.

Bei einer Ehrung in Wien hingegen waren es zwei Eleven des Max-Reinhardt-Seminars, die mit ihrer altmodisch verzückten Deklamation alles kaputt machten.

Es gibt ja auch die Magie resp. die platte Gewöhnlichkeit der Orte, wo solches stattfinden soll. Reagieren Sie da sensibel?

Zuweilen. Besonders schön war eine Lesung im Frankfurter Städel. Das Museum wurde gerade umgebaut. So durfte ich mir wunderbarerweise die Bilder aussuchen, die dann in einem leeren Saal um mich gehängt wurden. Hinter mir hing ein Bild mit Mäusen, in deren Hintergrund, kaum sichtbar, ein schattenhaftes Ungeheuer lauerte. Ein anderes unvergeßliches Lokal war eine kleine Barockkirche in Amsterdam, die im Dachbodengeschoß eines Grachtenhauses heimlich eingerichtet worden war. Eingeleitet von Margriet de Moor, saß ich vor dem Hochaltar und las meine nicht besonders gottesfürchtigen Gedichte.

Sie erwähnten vorhin Pierre-Laurent Aimard, einen Pianisten und Spezialisten besonders für zeitgenössische Musik. Wie kamen Sie beide zusammen?

Meine Frau hatte ihn auf gut Glück zur Teilnahme an einer Wohltätigkeitsveranstaltung für das Londoner Almeida-Theater eingeladen. Er kam tatsächlich und kannte bereits einige meiner Gedichte. Aus dieser ersten Improvisation entwickelte sich dann unser gemeinsames Programm, das, dank Pierre-Laurents vielseitigen Gaben, auch seine szenischen Verdienste hat. Stücke von Kurtag, die ja manchmal auch kleine Theaterszenen sind, und von Ligeti kommen darin zusammen und den Gedichten entgegen oder auch in die Quere. Wie Pierre-Laurent dies kann: eine Ligeti-Etüde aus dem Ärmel schütteln und dazu noch komisch aussehen, ist ziemlich genial.

Apropos neue Musik: wird diese eigentlich immer neuer – im Sinne des »fortschrittlichen« Begriffs von Avantgarde – oder experimentiert sie inzwischen mit Modellen im Stil der – von Benn so genannten – »Unaufhörlichkeit«?

Für mich bleibt das große Neue, das neu Hinzugefügte, das neu Kombinierte, das anders Weiterentwickelte ein wesentliches Kennzeichen des Meisterwerks, und nicht erst in der zeitgenössischen Musik. Auch mancher Rückgriff ist dabei erlaubt, wenn er kein Rückschritt ist. Unaufhörlich ist für mich das Fortschreiten – nicht der Fortschritt! – der Musik. Da bin ich ausnahmsweise Optimist.

Und einmal von der Seite der musikalischen Rezeption her gefragt: erleben Sie das heutige Publikum Ihrer und anderer Konzerte als informierter und aufgeklärter als früher, oder hat – durch verschobene Bildungserlebnisse – ein Schwund an Kenntnissen und Kompetenzen stattgefunden?

Wohl beides zugleich. Was auf der einen Seite an musikalischer Liebhaberei oder Kennerschaft vielleicht angewachsen ist, wird von der anderen Seite bedroht durch elektronisch verstärkte Musik. Das Ohr, das sich doch im Mutterleib unter den Sinnesorganen als erstes entwickelt, ist heute einem Lärmpegel, einer Lärmverschmutzung, einer Vulgarisierung und Brutalisierung ausgesetzt, die gewiß auch den ganzen Menschen angreifen.

Könnten Sie noch etwas anschaulicher argumentieren? So klingt es mir zu pauschal kulturkritisch.

Aber gern: Ich denke an die vielen jungen Leute, die systematisch ihr eigenes Gehör, und manchmal auch das ihrer Mitmenschen, ruinieren – das wissen Sie natürlich auch! Ich denke an den Einfluß des Fernsehapparats, der dem Konzertpublikum den Irrtum eingibt, der Klang vom Podium käme gleichsam wie durch einen Lautsprecher aus einer Richtung zu ihm, während das Husten, Hüsteln, Räuspern oder Niesen nicht zurückschallt. Also haben wir auf der Haben-Seite einen Saal voll von Menschen, die, wenn man Glück hat, Beethovens »Diabelli-Variationen« aufmerksam sich anhören, was sie vor ein paar Jahrzehnten noch kaum getan hätten. Auf der Soll-Seite hätten wir, unter anderem, die Notwendigkeit, ein Konzert zu unterbrechen und dem Publikum zu sagen: »Entweder Sie husten oder ich spiele«, weil es sonst einfach weiterhusten würde.

Um nun nochmals auf mögliche Quellen der Inspiration zurückzukommen: welche Art von Anregungen aus Nachbarkünsten wie Literatur und bildender Kunst gewinnen Sie für Ihre Arbeit?

Da ich von früh an ein ästhetischer Mensch war, also in Verbindung mit allen Künsten lebte, fällt es mir schwer zu sagen, in welcher Weise der Musiker in mir davon profitiert hat. Jedenfalls war es viel eher eine Ergänzung als eine Vermischung.

Kein synästhetischer Rausch, hin zum Gesamtkunstwerk?

Ich habe früh genug gelernt, die Künste voneinander zu trennen. Natürlich gibt es Bezüge zur Musik im übertragenen Sinne, Wörter und Begriffe, die vom Sehen her, von den visuellen Künsten her, von der Literatur her auf die Musik übertragen wurden. Aber zugleich bleibt die Musik autonom, selbst in Honeggers »Pacific 231«, einem Orchesterwerk, in dem der Komponist die Fahrt einer bestimmten Lokomotive von einer Station zur anderen zum Vorwand nahm, neue Musik zu schreiben.

Also bleibt die musikalische Arbeit mehr oder minder absolut und bei sich, während das weitere Leben auch von den anderen Künsten profitiert?

Musik, das ist das Selbstverständlichste in meinem Leben, das bin sozusagen ich selbst, und es hat mich nie so groß interessiert, über mich selbst nachzudenken. Wenn ich in meiner Erinnerung grabe, dann sind es also nicht notwendigerweise musikalische Eindrücke, die mir zuerst in den Sinn kommen, sondern Dinge »von außen«, etwa die ersten Chaplin-Filme, die erste Aufführung von »Warten auf Godot« in Wien in Erich Neubergs Regie; oder der erste Besuch der romanischen Kirchen in Tuscania; die erste Begegnung mit Alexander Calders Mobiles in einer Münchner Galerie Anfang der fünfziger Jahre; oder die zufällige Entdeckung von Tinguelys kinetischen Plastiken in einer weißgetünchten römischen Garage – um nur wenige zu nennen. Ob sich allerdings Tinguelys zappelnde und rasselnde Zufallsmaschinen ohne Sinn und Zweck in meinen Aufführungen der Haydn-Sonaten oder der »Diabelli-Variationen« nicht doch niedergeschlagen haben?

Sollte es der Fall gewesen sein, dann dürften wir ja wirklich sagen: Tinguely sei Dank! Übrigens: muß ein ausübender Musiker für den Gewinn seiner Tätigkeit eigentlich intellektuell sein?

Ich selbst halte mich nicht für einen Intellektuellen, also für einen Menschen, den primär der Intellekt steuert. Ich bin ein Musiker und Schriftsteller, der auch denkt. Es gibt instinktive Musiker von großem Format. Man darf nur nicht annehmen, allein diese öffneten das Herz. Das ist Unsinn. Im Zusammenwirken von Chaos und Ordnung, Gefühl und Überlegung sollte die Hitze des Chaos' durch die Ordnung zur Wärme reduziert werden. Diese Wärme erwärmt ihrerseits wiederum die Kühle der Ordnung. Ob das bewußt oder unbewußt geschieht, hat kaum Bedeutung, solange das Resultat stimmt. Ein Resultat solchen Zusammenwirkens wäre »Gefühlsdeutlichkeit« – das Wort stammt von Robert Schumann.

Kompliment für dieses – dritte, Brendelsche – Gesetz zur Thermodynamik. Ich denke, daß es sich auch auf manche ausdrücklich »intellektuelle« Musiker anwenden ließe: sogar auf Glenn Gould, der zwar etwa in seinen Interviews jegliche Spontaneität bloß artifiziell herstellte, indem er gewisse Fragen auch noch selber formulierte und sie dann seinem Partner in den Mund legte, doch als Klavierspieler zugleich spontan gefühlswarm wirken konnte.

Ich enthalte mich der Stimme.

Wir sind nun bald am Ende unseres Gesprächs. Deshalb diese Frage: Wie verhält sich das Bewußtsein von der Endlichkeit des Lebens zur vermuteten »Unendlichkeit« der Gegenwart von Musik?

Für mich war »Kunst und Leben« nie eine Gleichung, sondern eine Rechnung, die nicht aufgeht. Nicht, daß die Musik etwa nichts mit dem Leben zu tun hätte. Die Bezüge zu menschlichen Charakteren, Regungen, Konflikten, Reaktionen sollten doch unüberhörbar sein. Und doch geht es in der großen Musik um eine Welt, die das Menschliche umfaßt, zugleich aber die Fähigkeit besitzt, aus dem Menschlichen hinauszuführen ins Schicksalhafte, ins Phantastische, ins Dämonische, ins Seraphische, ins Zeitlose, in die Stille. Sie kann sich ins Tragische und Tödliche versenken, aber auch in humoristischer Überlegenheit über menschliche Angelegenheiten sich erheben.

Das tönt mir fast ein wenig mystisch, spirituell. Sind Sie insgeheim ein Mystiker?

Fragen Sie lieber den Teufel. Denkbar ist, daß mein Interpretieren manchmal solche Energien aus der Musik – und für die Zuhörer – freisetzt. Man könnte dann sagen: »Es spielt.« Dazu ein etwas konkreteres Beispiel: Unlängst hörte ich eine Aufführung von Bruckners 7. Sinfonie, die das Werk originell und überzeugend lebendig machte. Die Musik, wie sie da erklang, war denkbar weit – wenn auch nicht »himmelweit« – entfernt von der Person Bruckners, wie man sie aus Berichten kennt. Niemand hätte darin den naiven, den linkischen, den devoten Bruckner erraten. Ebenso falsch wäre es, diesen erzkatholischen und im Krapfenwaldl spazierenden Menschen in eine hochdifferenzierte und grandiose Musik hineinzuprojizieren. Der Versuch, den Künstler möglichst lückenlos aus dem Biographischen zu erklären, muß oft in die Irre führen, und nicht nur bei Musikern. Der Filmhistoriker David Thomson hat genau das in seinem gefeierten »Biographical Dictionary of Film« mit Persönlichkeiten des Kinos unternommen – mit teilweise absurden Resultaten.

Welches Verhältnis pflegen Sie zum Archiv von Tonträgern – einerseits generell, andererseits für Ihre eigenen Aufnahmen?

Ich bin dankbar dafür, daß es Aufzeichnungen großer Meister gibt, die mir auch nach vieljährigem Umgang immer noch Maßstäbe liefern – so frisch und leuchtend sind sie geblieben. – Bei meinen eigenen Aufnahmen gilt ein anderer, persönlicher Maßstab. Ich hatte Gelegenheit, eine große Anzahl von Studio-Aufnahmen zu machen. Das erhöht die Chance, daß ein paar dabei sind, die meinen besseren Möglichkeiten entsprechen – die besten Konzerte werden ja selten aufgezeichnet. Eine Auswahl erschien auf den sechs CDs in der Serie »Great

Pianists«, die jedoch absichtlich weder Beethovens noch Mozarts Klavierkonzerte noch Schuberts Sonaten miteinbezog. Live-Aufnahmen einiger Schubert-Sonaten, die Beethoven-Konzerte mit den Wiener Philharmonikern und Simon Rattle sowie manche Mozart-Konzerte mit Mackerras sollten das Bild ergänzen. Ich freue mich, daß nun eine neue, größere, ebenfalls von mir besorgte CD-Auslese zu erscheinen beginnt, die später auch eine Reihe von unveröffentlichten Live-Aufnahmen miteinschließen wird, an denen mir besonders viel liegt.

Welche Musik sollte im Himmel – wenn es ihn für uns gäbe – erklingen und welche nicht?

Die Vorstellung von Himmel und Hölle hat etwas Kindliches. Isaiah Berlin hat in einem Aufsatz Schillers Idee des Naiven und des Sentimentalischen auf die Musik angewandt. Verdi war für ihn ein großer Naiver. Sollte man im Paradies pausenlos Verdi hören, bäte ich um Urlaub und ginge von Zeit zu Zeit lieber ins Fegefeuer, vielleicht sogar in die Hölle.

Wo wir anderen Sie mit Freuden empfangen würden! – Letzte Frage: Was sagen Sie dazu, wenn man Ihnen unterstellt, die Bescheidenheit, die Sie in unserem Gesprächsbuch »Ausgerechnet ich« an den Tag gelegt haben, sei bloß eine Pose?

Ich registriere, daß die Leute mich nicht so nehmen wollen, wie ich bin, weil sie vom Künstler voraussetzen, er sei immer ein Narziß. Meine Position ist die folgende: Ich wundere mich über mich selbst. Bewundern kann ich mich nicht. Es sind in mir gewisse Anlagen vorhanden. Das ist kein Verdienst. Daß man versucht, mit seinem Talent etwas anzufangen, ist nur vernünftig. Es ist auch notwendig, denn es gibt da einen eigenen Sog. Da ist etwas, das hilft, das Leben auszufüllen. Daß die nötige Energie vorhanden ist, die nötige Begeisterung, die nötige Beharrlichkeit, die passende Konstitution, ist ebenfalls keine »Leistung«. Es sind Eigenschaften, die man hat. Daß ich ein Publikum musikalisch erreiche und die Säle fülle trotz meiner Grimassen, ist für mich nicht eine Quelle des Stolzes, eher schon des Staunens.

The Guardian: Fragebogen

2008

Wann waren Sie am glücklichsten?
 Als ich Tarte tatin entdeckte.

Was fürchten Sie am meisten?
 Den Zusammenbruch des Planeten.

Ihre früheste Erinnerung?
 Ein großer Hund, der mich plötzlich hinter einem Zaun anbellte. Mein erstes Trauma.

Welche bekannte Person bewundern Sie am meisten und warum?
 Peter Brook für seine unvergleichliche Inszenierung des »Sommernachtstraums«.

Welches eigene Merkmal bedauern Sie am meisten?
 Die Launen eines alternden Gehirns.

Was beklagen Sie am meisten in anderen?
 Fanatismus. Unzuverlässigkeit. Prätention.

Der peinlichste Augenblick Ihres Lebens?
 Als im Traum jemand ankündigte, ich würde den Othello spielen. (Warum ausgerechnet Othello?)

Ihr kostbarster Besitz?
 Zur Zeit: die DVDs der späten Buñuel-Filme.

Wo möchten Sie leben?
   In der Nähe einer kleinen aber wunderbaren romanischen Kirche.

Was deprimiert Sie?
   Die Grausamkeiten des Schicksals.

Was stört Sie am meisten an Ihrem Aussehen?
   Die mürbe Haut unter meinem Kinn.

Wären Sie lieber intelligent und häßlich oder dumm und attraktiv?
   Das erste. (Ich bin schließlich ein Mann.)

In einem Film über Ihr Leben: Welcher Schauspieler würde Sie spielen?
   Fernando Rey ohne Bart.

Ihre am wenigsten anziehende Gewohnheit?
   Leute nicht zu erkennen. (Unabsichtlich.)

Ihr liebster Geruch?
   Geruchlosigkeit.

Ihr Lieblingswort?
   Unglaube.

Ihr Lieblingsbuch?
   Stendhals »Kartause von Parma«.

Ihr Faschingskostüm?
   Gefallener Engel.

Das Schlimmste, was man über Sie gesagt hat?
»Klaviermusikvorleser«.

Hund oder Katze?
Katze.

Ist es besser zu geben oder zu empfangen?
Am besten: beides zugleich.

Ihr schuldbewußtes Vergnügen:
Rauchern das Haus zu verwehren.

Was schulden Sie Ihren Eltern?
Liebe und Fürsorge. Gute Zähne. Das Bedürfnis »auszuscheren«.

Was oder wer ist die größte Liebe Ihres Lebens?
1. Sinn 2. Unsinn

Was fühlen Sie in der Liebe?
Es gibt 17 verschiedene Arten der Liebe. Oder vielleicht 27?

Der beste Kuß Ihres Lebens?
Nicht der erste. Man braucht etwas Übung.

Haben Sie je »ich liebe dich« gesagt, ohne es zu meinen?
Merkwürdigerweise nie.

Welche lebende Person verachten Sie am meisten und warum?
Ein oder zwei Kritiker. Vielleicht auch drei. Warum wohl?

Ihre schlechteste Leistung?
Die Aufführung des 1. Satzes des 1. Violinkonzerts von Spohr, als Dirigent.

Was hält Sie nachts wach?
   Das Entstehen von Gedichten.

Welche Musik wünschen Sie sich für Ihr Begräbnis?
   Händels Hallelujah? Nein, doch lieber Mauricio Kagels
   »Aus dem Nachlaß«.

Wie möchten Sie im Gedächtnis bleiben?
   Als der Mann mit dem dritten Zeigefinger.

Die wichtigste Lektion, die das Leben Sie gelehrt hat?
   1. Großen Ideen zu mißtrauen.
   2. Jeder Selbsttäuschung aus dem Weg zu gehen.

Wo wären Sie genau jetzt am liebsten?
   In einer wunderbaren Aufführung eines Shakespeare-
   Stücks.

Erzählen Sie uns einen Witz.
   Als Einstein
   im Himmel angekommen
   sah
   daß Gott würfelte
   drehte er sich um und sagte
   wo gehts hier zur Hölle.

Verraten Sie uns ein Geheimnis.
   Das Klavier singt.

Es gibt
falls ich richtig gezählt habe
17 Arten der Liebe
Sie aufzuführen wäre müßig
man muß sie erfahren haben
braucht allerdings ein gutes Gedächtnis
sie auseinanderzuhalten
Die Kunst besteht darin
sich während man liebt
zugleich zu beobachten
Ruhig Bleiben Vergleichen Einordnen
Das erfordert Nüchternheit
Fleiß
und einen größeren Bekanntenkreis
Von den 32 Stimulantien
die der Liebe aufhelfen
kann schon ein kleines Paket
sagen wir fünf bis sieben
das Bewußtsein vorübergehend umnachten
Gravierender freilich
wäre eine Zahl von 20 aufwärts
doch könnte selbst dann noch
ein einziger wunder Punkt
den Liebesdrang ersticken
das Timbre einer Stimme etwa
stechende Augen
religiöser Wahn
oder die rätselhafte Abwesenheit von Brustwarzen
Am rarsten ist Liebe Nr. 16
Ihre Existenz wird heute bestritten
Hinter vorgehaltener Hand
sage ich Ihnen
Es gibt sie

In den Mund genommen
zerfällt das Wort Liebe
zwischen Zunge und Gaumen
in seine Bestandteile
gleitet
fragmentiert
in die falsche Kehle
und belohnt uns mit Hustenanfällen
bevor wir es
mit großer Sorgfalt
Buchstabe für Buchstabe
aus der Herzgegend entfernen
Dann geben wir es
in kleinen unverdaulichen Kügelchen
schleunigst von uns
klumpen diese jedoch
in der hohlen Hand
abermals zusammen
worauf wir das erzielte Ergebnis
auf dem Schreibtisch deponieren
der es uns
mitten im Zimmer stehend
gestattet
das sphärische Gebilde
von allen Seiten zu besichtigen

Diese zarten Krümmungen und Kurvenschwünge
geeignet
den Betrachter das Glück des Gleitens zu lehren
wo für Blick und Hand
nichts aneckt oder ausflacht
aufs schönste gerundet ohne auszuufern
weder Endlosbeine noch Schrumpfkopf
zugleich durchaus ätherisch
ein olfaktorisches Einhorn
unberührt vom Pesthauch der Welt
in seine Duftlosigkeit gehüllt
wie in ein farblos schimmerndes Gewand

Ein ungeschützter Blick
ein Flackern der Augenlider
eine kaum verhohlene Geste der Zuwendung
erste Liebesinitiativen
im Gedächtnis geisternd
Signale ohne Geschichte
Funken
die kein Brand belohnte
codierte Botschaften
im Rückblick erst entziffert
Möglichkeitsspiele der Erinnerung

Späte Flaschenpost

Selbstgespräch

2009

AB1 Zunächst müssen wir einen Modus finden, höflich miteinander umzugehen. Du oder Sie?

AB2 Wie können Sie fragen? Wer duzt sich schon? Sind wir Aristokraten? Oder gar ein Liebespaar? Da haben die Briten es übrigens besser – ein zivilisiertes Volk, das nicht fürchten muß, Privates auszuplaudern. Oder lieben wir uns vielleicht doch?

AB1 Soweit würde ich nicht gehen. Hassen wir uns?

AB2 Nein, bei allem Mißtrauen, wir zerfleischen uns nicht. Obwohl ich Sie unlängst am liebsten geohrfeigt hätte, als Sie diesen Triller nicht mit der Nebennote …

AB1 Alter Pedant. Übrigens steht das jetzt nicht mehr zur Debatte. Neuerdings trillere ich stumm. Aber kommen wir zur Sache. Da wir beide eben noch Pianisten waren, wollte ich Sie immer schon fragen, was in Ihnen vorgeht, also gut: vorging, wenn Sie Beethovens Opus 111 spielten. Waren Sie ergriffen?

AB2 Aber selbstverständlich. Ich würde so weit gehen zu sagen, daß ich levitierte, wenn auch nur innerlich.

AB1 In Ihrem Fischkemper-Gedicht machen Sie sich geradezu lustig …

AB2 Aber das Gedicht ist doch von Ihnen!

AB1 Wie gut, daß Sie mich haben. Wenn Sie in der Musik drin sind, bin ich darüber. Keine schlechte Kombination.

AB2 Ja und nein. Ins Stück eindringen, sich in ihm entzückt verlieren, ja in ihm verschwinden – das ist und bleibt doch das Schönste, was uns passieren kann.

AB1 Also das überlasse ich gerne Ihnen – so lange ich, als deus ex machina, darüber wachen kann, daß die Dinge funktionieren, die Finger wissen, was sie tun, der Rücken sich nicht verspannt, der Rhythmus nicht ausfranst, die Tatsache, daß Sie ins Stück hineinkriechen, dieses nicht bloß aushöhlt, sondern auch ausfüllt.

AB2 Verehrter Polizist im Hubschrauber, könnten Sie nicht leise und unauffällig über mir kreisen? Kontrollieren ohne zu knattern? Fühlen Sie denn nie das Bedürfnis, sich überflüssig zu machen?

AB1 Eine hübsche Utopie. Wenn »es spielt«, sitze ich immer noch, wenigstens mit einer Hand, am Steuer. Haben Sie noch nie etwas von Romantischer Ironie gehört?

AB2 Ein schöner Zustand. Der allerdings die Gefahr birgt, sich, von oben herab, über alle Verantwortlichkeit zu erheben. Da sind wir wieder beim Levitieren, das nicht bedeuten soll, *über* dem Stück zu schweben, sondern *mit* dem Stück. Wir sind nur Interpreten.

AB1 Also Sie levitieren innerlich, und ich lenke von außen. Es tut mir leid, Ihnen lästig zu fallen. Eigentlich sind wir doch, als Zirkusnummer, nicht übel miteinander gefahren. Die Brendel-Zwillinge – natürlich nicht eineiig.

AB2 Verzeihen Sie eine sehr private Frage: Kommen Ihnen jemals die Tränen? Bei Schubert vielleicht?

AB1 Erwarten Sie etwa von mir, daß ich tue, wovon Diderot, aber auch Busoni, uns ausdrücklich gewarnt haben, nämlich die Kontrolle zu verlieren, die Kontrolle über die Mittel, aber auch meine Kontrolle über Sie? Schluchzen Sie, soviel Sie wollen, aber bitte innerlich. Wenn Sie weinerlich werden, jammern, ausufern, die Grenzen des musikalischen Anstands überschreiten, fange ich an zu knattern.

AB2 Unverbesserlicher Purist! Ihr Anstand ist die reinste Zwangsjacke. Lassen Sie mir doch, um Himmels willen, ein paar Zentimeter Spielraum!

AB3 Guten Tag, meine Herren. Ich lauschte Ihnen bereits mit Interesse. Ja wissen Sie denn nicht, daß die Zeitläufte sich verändert haben? Wir haben heutzutage einerseits die Zweinotengruppe, anderseits die Bearbeitung, die Paraphrase, die persönliche Aneignung, den Kommentar, der wichtiger ist als das Stück. Seien wir ehrlich: Ohne uns ist Musik doch bloß Makulatur. Zeigen Sie es den Komponisten! Galvanisieren Sie sie! Wir haben die Macht. Befreien Sie sich! (Immer erregter werdend) Toben Sie sich aus! Werden Sie Dadaist!

AB2 (Hält sich die Ohren zu.)

AB1 (Reißt sich eine Wimper aus und sticht AB3 tot. Dann bespritzt er ihn mit Spinat.)

A bes c d
dieses bes im Notenalphabet
es verBESSERT
wenn nicht die Welt
so doch das Buch
das ihm Unterschlupf gewährt hat
gibt ihm seine besondere Note
ja den Klang einer eigenen Tonart
Bes-Dur
einer Tonart
die nun von Musikern erfunden werden muß
während das Buch
als Bes-Seller
die Kassen des Verlags füllt

Wünschen wir Vokabelwust
Wörterwirrwarr
Wonnegewühl
Weh-und Wutgewimmer
Weit gefehlt
Wir wünschen Wachheit
Waschecht wollen wir werden
und wohlweislich witzig
wie weiland Wieland

Die Rindsmeise
Der Klapperschwan
Das Repetierhuhn
Das doppelte Fünfbein
Das Garnicht
Der geschwängerte Vater
Der Kagel
Der graziöse Merowinger
Der sanfte Pfitzner

Als Brahms nach Hause kam
schüttelte er den Staub von seinen Schuhen
setzte sich an den Flügel
und spielte so leise
daß selbst die Mäuse es nicht vernahmen
Nach dieser ungewöhnlichen Anstrengung
fuhr er sich über die Nase
fütterte seine Kanarienvögel
und ließ sieben gerade sein

Le Monde de la Musique

(Interview mit Olivier Bellamy, 2008)

Glauben Sie, die Welt sei heute besser als zur Zeit Ihrer Geburt?

Sicherlich nicht. Es gibt jetzt viele globale Probleme, die vor ein paar Jahrzehnten noch unbekannt waren. Selbst vor fünf Jahren hätte nicht einmal der ärgste Pessimist die heutige Situation vorausgesehen.

Glauben Sie, die Musik könne, einigen Interpreten zum Trotz, die Welt retten?

Musik kann uns erfreuen und erheben, aber sicherlich nicht die Welt retten!

Wenn Sie Geschöpfe auf einem anderen Planeten davon zu überzeugen wünschten, daß unsere Zivilisation es verdiente, bewahrt zu werden – welche Kunstwerke oder Gegenstände würden Sie ins Treffen führen?

Das wäre eine lange Liste! Aber es gibt ja keine »Geschöpfe von anderen Planeten«, die uns helfen könnten.

Beethovens Neunte ist die Hymne Europas. Was ist die Hymne des Universums?

Kakophonie. Ich glaube nicht an die Harmonie der Sphären.

Was erschreckt Sie?

Der Zustand der Welt. Politischer und religiöser Fanatismus. Die Tatsache, daß, wie Max Born an Einstein schrieb, im Menschen Gefühl und Verstand »unheilvoll vermischt« seien.

Wogegen revoltieren Sie?
Gegen Zweinotengruppen, die unentwegt mit einem Diminuendo gespielt werden und mit einem Staccato auf der zweiten Note.

Was beruhigt Sie?
Große Kunst. Und die richtige Art von Liebe.

Fühlen Sie sich als Brite? Als Österreicher? Oder als Mitteleuropäer?
Am ehesten mitteleuropäisch. Ich ziehe es aber vor, wo immer ich bin, ein zahlender Gast zu sein.

Frankreich

Was bewundern Sie an Frankreich?
Die Architektur, den Wein, die weiblichen Wesen. Stendhal, Flaubert, Valérys »Cahiers«.

Ihr französischer Lieblingskomponist?
Ich liebe Bizets »Carmen«! Aber auch Ravels »Gaspard de la Nuit« und »L'Enfant et les sortilèges«.

Ihre stärkste Erinnerung an ein französisches Konzert?
Ein Soloabend in Paris, bei dem mich ein Verrückter laut beschimpfte.

Bedauern Sie es, nicht französisch zu sprechen?
Es ist das wichtigste, was ich in meinem Leben versäumt habe.

Was entlockt Ihnen ein Lächeln?
Dinge, die zugleich witzig und profund sind.

Was bringt Sie zum Lachen?
Das Beste von Chaplin oder Buñuel. Einige meiner eigenen Gedichte.

Wo kommt Ihr Sinn für Humor her? Haben Sie ihn entwickelt oder wurden Sie damit geboren?
Keine Ahnung. Meine Eltern lachten gerne, aber über andere Dinge als ich.

Welche Schriftsteller zwingen Sie unwiderstehlich zum Lachen?
Nicht viele. Jedenfalls Daniil Charms.

Welche Art von Humor spricht Sie an?
Die komische Seite des Absurden.

Gibt es Humor, den Sie nicht mögen?
Die sogenannten Herrenwitze, die vor zwei oder drei Generationen frustrierte Männer einander zu erzählen pflegten.

Musik

Gibt es ein Musikstück, daß Ihre Lebens-und Weltsicht verändert hat?
Nein. Aber es gibt eine Reihe von Meisterwerken, die das Leben erträglicher machen.

Glauben Sie an Tonartensymbolik?
Nein.

Sie komponieren ein »Liebeslied«, es nimmt kein gutes Ende – in welcher Tonart?

Selbst wenn es ein Lied wäre, das mit Liebe zu tun hat, wäre es nicht tonal.

Welches Musikstück hätten Sie sich gerne widmen lassen?
Mauricio Kagels »Märsche den Sieg zu verfehlen«.

Furtwängler kommt und dirigiert zur Feier Ihres Geburtstags. Welches Klavierkonzert würden Sie wählen?
Keines. Mein Idealprogramm wäre Schuberts »Unvollendete« und große C-Dur-Symphonie, mit mir im Publikum.

Sie fahren im Taxi mit Alfred Cortot. Was würde passieren?
Es würde darauf ankommen, ob wir über Musik reden oder Politik.

Sie fahren mit Wilhelm Kempff in der Eisenbahn von München nach Salzburg. Worüber reden Sie?
Ich würde ihn fragen, warum er nie Liszts h-moll-Sonate und die Variationen über »Weinen, Klagen, Sorgen, Zagen« aufgenommen hat.

Welcher Komponist war für Sie am schwierigsten zu fassen?
Mozarts Sonaten gut zu spielen, ist immer noch das schwierigste. (Für Künstler.)

Welcher Komponist war der einleuchtendste und vertrauteste?
Jener, auf den ich mich gerade konzentrierte. Es gab Beethoven-, Schubert-, Haydn und Mozart-Perioden usw.

Kann Musik pornographisch sein?
Ich denke schon. (Messiaens »Turangalila« zum Beispiel)

Ein Komponist wünscht, Ihnen für die Dienste zu danken, die Sie ihm geleistet haben. Welcher?
Ich habe zu danken, nicht der Komponist.

Xenakis schrieb: »Wesentlich in der Musik ist für mich das Licht. Ich komponiere mit Licht.« Gibt es für Sie eine Verbindung von Klang und Licht?
Es gibt Licht und Dunkel, und alle Nuancen dazwischen. Im Adagio von Beethovens Opus 111 finden wir eine Variation, in der Licht und Nacht abwechseln. Wenn ich an den Klavierklang im allgemeinen denke, ist mir ein heller leuchtender Klang lieber, der nicht von einer allzu schweren linken Hand herabgezogen wird.

Ihre genaue Beziehung zu Chopin?
Ich verehre Chopin als einen der größten Klavierkomponisten, vor allem in den 24 Préludes und Etuden, weniger in seinen Sonaten. Weil er fast ausschließlich Klaviermusik schrieb und nicht auch Orchester-, Ensemble-, Vokalmusik wie seine großen Kollegen, verlangt er eine andere, besondere Behandlung des Instruments. Chopin-Spieler pflegten daher Spezialisten zu sein – mit Recht, denn dieser Vortragsstil ist auf andere Komponisten kaum anwendbar. Als ich jung war, gab es noch die beiden Möglichkeiten des großen Pianisten: den Spieler eines umfassenden mitteleuropäischen Repertoires, und den Chopin-Spieler. Ich habe mir damals klargemacht, wo ich hingehörte. Junge Pianisten heutzutage stehen nicht mehr vor diesem Dilemma: Die Zeit der Chopin-Spezialisten ist vorbei.

Wie viele Flügel besitzen Sie?
Einen Steinway-B-Flügel zum Studieren. Zwei Steinway-Konzertflügel zum Gebrauch in Konzerten. Und einen Bö-

sendorfer aus den 50er Jahren, um mich an die Wiener Zeit zu erinnern.

Haben sie verschiedene Identitäten? Bestimmte Merkmale?
Sie alle werden sorgfältig intoniert, einschließlich des linken Pedals! Keiner von ihnen ist eine Lärmquelle. Aber alle haben einen guten dynamischen Umfang, ohne grell und klirrend zu sein. Keines der Register darf hervortreten oder matt wirken.

Wer darf darauf spielen?
Abgesehen von mir selbst, einige Pianistenfreunde, die bei mir zu Gast sind, und die Kammermusikpartner meines Cello spielenden Sohnes Adrian.

Liszt sagte, sein Flügel auf dem Podium sei ein Vollblut (›pur sang‹). Wie ist das bei Ihnen?
Es gibt gute und schlechte Pferde, und wunderbare. Ich versuche die schlechten zu vermeiden. Die Sentenz, es gäbe keine schlechten Flügel, nur schlechte Pianisten, ist barer Unsinn.

Finden Sie es sinnvoll, wenn jemand sagt, ein Flügel hätte »eine Seele«?
Ja, es gibt Flügel mit mehr oder weniger »Seele«, je nach Timbre und Innenresonanz.

Singt der Flügel oder der Pianist?
Manche Flügel öffnen sich dem Cantabile bereitwilliger als andere. Es ist aber doch der Pianist, der das Klavier wirklich zum Singen bringt. Und das ist nicht nur eine Angelegenheit des sogenannten »Anschlags« oder der Pedalisierung, sondern eine eigene musikalische Attitüde, die Deklamation miteinschließt.

Freuen Sie sich über Komplimente?
Wer nicht?

Kritiker?
- a) Dankbarkeit. Die Lobeshymnen, die ich für meinen ersten öffentlichen Abend in Graz erhielt, veranlaßten meine Eltern, mich weitermachen zu lassen.
- b) Respekt – für jene, die sich gründlich mit neuer Musik beschäftigen und sie dem Publikum näherbringen.
- c) Unmut. Es gibt Kritiker, die sich auf Grund ihres Enthusiasmus für einige wenige Musiker berechtigt fühlen, die meisten anderen herabzusetzen. Kein Kritiker hat das Recht, arrogant zu sein.

Reisen

Ihre denkwürdigste Reise?
Mein letzter Besuch in Lateinamerika, an dessen Ende ich, auf Grund des Todes von Johannes XXIII., in Buenos Aires an einem und demselben Abend mit zwei verschiedenen Orchestern in zwei verschiedenen Sälen spielte.

Sie reisen seit 50 Jahren. Sehen Sie sich selbst als einen »Wanderer«?
Ja, aber nicht im romantischen Sinn (Dort wo du nicht bist, dort ist das Glück). Ich freue mich, mit Freunden und Orten in Berührung zu bleiben und dazwischen Neues zu entdecken.

Wie viele Bücher nehmen Sie mit?
Nicht mehr, als ich bequem tragen kann.

Pascal sagt: »Das Drama eines Mannes ist, daß er in seinem Schlafzimmer nicht allein sein kann.« Ihr Kommentar?
   War das Pascals eigenes Problem? Das scheint mir wenig wahrscheinlich.

Was machen Sie, wenn Sie warten müssen? Am Flughafen, bevor Sie aufs Podium gehen oder im Restaurant?
   a) Ich lese oder schreibe. b) Ich übe. c) Ich zeige meine Ungeduld.

Was tun Sie zuerst, wenn Sie in einer neuen Stadt ankommen?
   Ich prüfe, ob das Hotelzimmer wirklich still ist und das Bett (bedeckt mit Laken und Wolldecke) nicht zu hart. Ich kann Federbetten nicht ausstehen.

Victor Hugo schrieb: »Gott erschuf nur das Wasser. Der Mensch erschuf den Wein.« Welche sind Ihre Vorlieben?
   a) San Pellegrino, Badoit und Hildon.
   b) Bordeaux und Armagnac.

Leiden Sie, wie Eric Satie, unter Nahrungsphobien?
   Rohe Gurken, scharfe Gewürze, Ingwer, Knoblauch (mehr als ein Hauch).

Gibt es bei Ihnen eine ritualisierte Ordnung?
   Kein Ritual. Nur Ordnung.

Persönliches

Sie haben in Wien gelebt. Pflegen Sie eine Verbindung mit der Psychoanalyse?
   Ich selbst bin nie analysiert worden. Aber ich bin kein Gegner Freuds, wie so viele prominente Wiener Schrift-

steller dies waren. Und ich bewundere ihn als einen Meister essayistischer Prosa.

Haben Sie Zeit zum Nichtstun?
Ich habe immer ausreichend Zeit gefunden, mich auszuruhen. Aber ich bin ungern müßig.

Geben Sie uns einen Rat, wie man im Einvernehmen mit sich selbst leben kann.
a) Mit Hilfe einer Beschäftigung, die einen freut.
b) In freundlicher Gesellschaft.
c) Ohne (allzu viele) Neurosen.

Lebenshilfe?
a) Kunst, Musik, Literatur.
b) Wahre Freunde.
c) Glück.

Was ist einfach für Sie, was kompliziert? Beispiele.
In der Musik einfach zu sein – »So einfach wie möglich, aber nicht einfacher« (Einstein) – ist manchmal die komplizierteste aller Aufgaben.

Ihr Geheimnis, sich ein gutes Gedächtnis zu erhalten?
Es ständig herauszufordern.

Für Cocteau war »ein Künstler, der die Wahrheit sagt, ein Lügner«. Sind Sie einverstanden?
Das Problem ist das Wort Wahrheit. Wenn Sie die eine und einzige Wahrheit gefunden haben, werden Sie potentiell gemeingefährlich. Soweit könnte Cocteau recht haben: Wenn Sie sich im Besitz »der Wahrheit« glauben, sind Sie einer Täuschung erlegen.

Ihre romanischen Lieblingskirchen?

Santo Domingo de Silos (Kreuzgang), Sant' Antimo, Anzy-le-Duc, San Zeno (Verona) u. a.

Welche Werke der Malerei sind die Mühe einer neuerlichen Reise wert?

Eine kleine Auswahl: die Decke der Sixtinischen Kapelle, Tiepolos großes Deckenfresko in Würzburg, Lionardos ›Ginevra de' Benci‹ (Washington), Altdorfers ›Alexanderschlacht‹ (München), Giorgiones sogenannte ›Drei Philosophen‹ (Wien), Cézannes späteste Fassungen der Großen Badenden (Philadelphia und London), Picassos ›Guernica‹ (Madrid).

Le Monde de la Musique (2008)
Der Proustsche Fragebogen

Der Hauptzug Ihres Charakters?
  Sinn und Unsinn. Skepsis. Lust auf Neues.

Welche Eigenschaften schätzen Sie bei einem Mann am meisten?
  Humor, Selbstvertrauen, Voraussicht.

Welche Eigenschaften schätzen Sie bei einer Frau am meisten?
  Humor, Selbstvertrauen, Anmut.

Ihre Lieblingstugend?
  Anstand.

Was schätzen Sie bei Ihren Freunden am meisten?
  Die Wärme und Beständigkeit ihrer Freundschaft. Ihre Diskretion.

Ihr größter Fehler?
  Manche würden sagen: Meine Abneigung gegen Glenn Gould.

Ihre Lieblingsbeschäftigung?
  Buñuel-Filme ansehen. Lieben. Aphorismen lesen.

Ihr Traum vom Glück?
  Ein Publikum, das nicht hustet.

Ihr größtes Unglück?
　　Puccini oder Lehár hören zu müssen.

Wo möchten Sie leben?
　　In der Nähe einer guten Buchhandlung, eines kleinen Kaffeehauses, einer kleinen, aber schönen romanischen Kirche.

Ihre Lieblingsfarbe?
　　Schwarz, weiß und alle Nuancen von grau dazwischen. Dazu der Regenbogen.

Ihre Lieblingsblume?
　　Leider nicht die Rose. (Ich müßte niesen.)

Ihr Lieblingsvogel?
　　Kookaburra.

Ihre Lieblingsautoren?
　　Stendhal, Lichtenberg, Musil.

Ihr Lieblingsdichter?
　　Shakespeare.

Ihre Lieblingshelden?
　　Die Antihelden: Schwejk, Ulrich (Musil), Victor (Vitrac).

Ihre Lieblingsheldinnen?
　　Emina und Zibedde (Potocki), Alice im Wunderland.

Ihre Lieblingsmaler und -komponisten?
　　Weder Raffael noch Rubens noch Renoir.
　　Weder Rachmaninow noch Reger noch Respighi.

Ihre Helden in der Wirklichkeit?
   Meine Klaviertechniker.

Ihre Heldinnen in der Wirklichkeit?
   Ich nenne keine Namen.

Welche historischen Gestalten mißbilligen Sie am meisten?
   Alle Fanatiker, ob politisch oder religiös.

Ihre Heldinnen in der Geschichte?
   Da gibt es so viele. Die Kriegerwitwen, die Sexsklavinnen, die Suffragetten, die verlassenen Mütter …

Ihre Lieblingsspeisen und Ihr Lieblingsgetränk?
   Parmaschinken, Gnocchi al burro e salvia, Tarte tatin. Alter Armagnac.

Ihre Lieblingsnamen?
   Charisma von Ausgespielt (S.G. Perlman).
   Ubu. Vladimir. Estragon.

Welche militärische Leistung bewundern Sie am meisten?
   Don Quijotes Kampf mit den Windmühlen.

Welche Reform bewundern Sie am meisten?
   Die Trennung von Kirche und Staat.

Welche natürliche Fähigkeit möchten Sie besitzen?
   Singen wie Callas, Domingo und Fischer-Dieskau zugleich.

Wie möchten Sie sterben?
   Rechtzeitig.

Ihre gegenwärtige Geistesverfassung?
   Dada.

Welchen Fehler entschuldigen Sie am ehesten?
   Falsche Noten.

Ihr Motto?
   Alles sollte so einfach wie möglich gemacht werden, aber nicht einfacher. (Einstein)

Die Coda ist entzückt

(Gespräch mit Andreas Dorschel, 2008)

AD Eine Frage nicht nur für den Musiker: Warum kommt das Wort ›aufhören‹ wohl von ›hören‹? Hört man immer auf den oder die anderen, wenn man mit etwas aufhört?

AB In meinem Fall habe ich auf andere gehört, als ich vor zwei Jahren aufhören wollte und sie mir sagten: Du spielst jetzt noch weiter. Aber diesmal höre ich auf mich selbst und höre mit dem Aufhören wirklich auf.

AD Von Ihren zuletzt veröffentlichten Aufnahmen Mozartscher Klaviersonaten wird gesagt – ich glaube zu Recht –, daß sie (und damit Sie) den Feinheiten dieser Musik mehr denn je auf die Spur kommen. Dennoch haben Sie sich entschieden, nun mit dem öffentlichen Musizieren aufzuhören. Warum?

AB Alle Mozart-Sonaten, die ich spielen wollte, habe ich ja aufgenommen. Natürlich nicht gut genug. Ich versuche aber bis zuletzt, die große F-Dur-Sonate im Konzertsaal etwas zu verbessern.

AD Die Sonate KV 533 spielt ja mit dem Gegensatz des Gelehrten zum Galanten auf ganz eigene Weise. Es scheint, daß Mozart im Kopfsatz Polyphonie ironisiert. Ist es eine Schwierigkeit, dies Uneigentliche zu treffen?

AB Ob Mozart diese Künste des doppelten Kontrapunkts ironisch meint? Vielleicht machte es ihm einfach Vergnügen, den Kollegen seine Überlegenheit zu beweisen. In der Durchführung des zweiten Satzes wird der doppelte Kontrapunkt dann hochdramatisch!

Ich halte es jedenfalls für richtig, in scheinbar kopflastigen Kompositionen zu zeigen, daß auch noch anderes dahinter steckt: Gefühl und Frische nämlich. Ebenso sollte in

Werken wie Schumanns C-Dur-Fantasie (»durchaus phantastisch und leidenschaftlich vorzutragen«) oder Liszts h-moll-Sonate nicht das Hektische, die Fragmentiertheit übertrieben werden, sondern ein großer Bogen das Stück zusammenhalten.

AD Wie fühlt es sich aber nun an, Ihr konzertpianistisches Aufhören?

AB Wunderbar. Es geht mir wie dem Butler aus der Monster-Familie des amerikanischen Cartoonisten Chas Adams: Während alle Leute um ihn herum verstört und weinend im Kino sitzen, grinst er über das ganze Gesicht.

AD Sie wollen damit aber nicht nahelegen, daß das Publikum ein Monster und der Pianist dessen Butler ist?

AB Also, mein Verhältnis zum Publikum war, trotz der Huster, nie wirklich gestört. Als dienstbarer Geist fühle ich mich den Werken verpfichtet, wenn auch eher im Sinne eines Geburtshelfers. Ein Zeremonienmeister, der bloß ein paar festen Regeln folgt, kommt da nicht besonders weit.

AD Hat es in Ihrem Leben je einen Tag gegeben, an dem Sie das Klavierspielen – das Konzertieren – ganz einfach satt hatten?

AB Manchmal unmittelbar vor den Ferien. Nach acht Tagen Hör- und Spielpause war die Lust wieder da.

AD Womit haben Sie in Ihrem Leben sonst aufgehört? Und zwar: leider, oder zum Glück?

AB Mit dem Malen und Komponieren, schon in jungen Jahren. Es genügt mir seither, zu schauen und zu reproduzieren.

AD Wenn's nicht zu indiskret ist: Gibt es irgend etwas, mit dem Sie besser aufgehört hätten, aber nicht aufgehört haben?

AB Ja, mit dem Ärgern und Sich-Ärgern. Klaviere, Huster, Motorrad-Rennfahrer, Baumsägen, Musiker, Kritiker, man selbst: Das ist doch alles Verschwendung. Was, nach Hebbel, allein der Mühe wert wäre, ist, die ganze Erde mit einer Kanone Gott ins Gesicht zu schießen.

AD Eine theologische Frage: Würde Gott sich darüber ärgern?

AB Wenn man einem hypothetischen Gott ins Gesicht schießt, darf man hoffen, daß er sich auch hypothetisch ärgert.

AD Zurück auf die Erde, die noch nicht abgeschossene: Meist muß man ja mit etwas aufhören, um etwas zu beginnen. Um einzuschlafen, muß man mit dem Lesen im Bett aufhören, und um den Tag zu beginnen wieder mit dem Schlafen. Was war Ihr bestes Beginnen, ermöglicht durch das Aufhören mit (oder von) etwas anderem?

AB Das Studium neuer Stücke, also das Entdecken oder Wiederentdecken von Werken, nachdem das alte Programm ad acta gelegt wurde: musikalisch die schönste Zeit des Jahres.

AD Beginnen Sie demnächst etwas, da Sie nun mit dem Konzertieren aufhören?

AB Ich erwarte nichts völlig Neues, aber man kann ja nie wissen. Auf keinen Fall werde ich Romane oder Theaterstücke schreiben. Ich werde nicht in den Jurys von Klavierwettbewerben sitzen oder den Zylinderhut wiedereinführen. Ich werde fortsetzen, wozu ich bisher selten Gelegenheit hatte, Vorträge halten, ganz vorsichtig und höflich Meinungen von mir geben – über die komischen Möglichkeiten der Musik, über musikalischen Charakter oder die Fallgruben und Fußangeln musikalischer Interpretation. Auch ein paar böse und liebe Gedichte hoffe ich noch zu verantworten. Müßig sein werde ich kaum. Ich konnte mit mir selbst und mit meiner Zeit immer »etwas anfangen«.

AD Die Musik ist ja selber eine Kunst des Aufhörens. Jeder Komponist muß sein Stück nicht zuletzt auf gute Art zu Ende bringen. Wer kommt Ihnen besonders als musikalischer Meister des Aufhörens in den Sinn?

AB Da müßte ich viele große Komponisten anführen. Der Abschluß ist ja, wie schon der Beginn des Stücks, etwas Entscheidendes. (Was Anton Tschechow seinen Schriftstellerkollegen geraten hat, nämlich Anfang und Ende lieber wegzulassen, wäre in der tonalen Musik undenkbar.) Wie der Komponist uns da hinführt, in welchem Maße dieses Ziel uns überzeugt, das beweist den Grad seiner Meisterschaft. Daß Liszt sich anders besonnen hat und das Ende seiner h-moll-Sonate in einem zarten, introvertierten Epilog ausklingen läßt, statt uns mit bombastischen Akkorden zu erschlagen, wertet das Werk unendlich auf: Das Ewig-Weibliche zieht uns hinan.

Was die Kompositionen der Meister dem ausführenden Musiker demonstrieren, ist, daß es – in der Kunst, wenn auch selten im Leben – möglich ist, rechtzeitig, im richtigen Moment, in der richtigen Weise aufzuhören.

Und wie viele Schlüsse gibt es! Freundliche, glückliche, begeisterte. Tragische, dämonische, tödliche. Resignierende, verklärende, verhauchende. Abrupte, nicht endenwollende. Zaghafte, entschlossene. Witzige. In Chopins Präludien gibt es vierundzwanzig auf knappstem Raum.

Ein besonderer Meister der Schlüsse war Mozart: Wie kein anderer faßt er in den wenigen Takten einer Coda das Wesentliche zusammen.

Und dann noch Beethoven, der in den Schlüssen seiner letzten Sonaten nicht abschließt, sondern aus der Musik hinausführt – in Opus 109 ins innere Verstummen, in Opus 110 in eine euphorische Selbstverbrennung, und in Opus 111 in grenzenlose Stille.

AD In der Musik vom 17. bis etwa zur Mitte des 19. Jahrhunderts gibt es meist ein explizites Schließen: eine distinkt finale Geste endet das Stück. Gelegentlich wird vorgetäuscht, das Ende sei schon da, dann aber geht es unerwartet weiter – doch auch diese Rechnung kann ja nur in einer musikalischen Kultur des Schließens aufgehen. Im späteren 19. Jahrhundert (etwa bei Mahler, Strauss, Debussy, Delius, Berg) entsteht dann aber etwas ganz anderes: ein Verrinnen der Musik oder auch ein Entschweben, jedenfalls ihr Verschwinden. Welchen Reim soll man sich auf diesen eigenartigen musikhistorischen Vorgang machen?

AB Je weniger Gewicht die tonale Harmonik hat, desto eher vielleicht und bereitwilliger kann man aus ihr verschwinden. Eine Art Materialermüdung stellt sich ein. »Offene Schlüsse« gab es schon in der Romantik: Schumanns »Kind im Einschlummern« etwa oder Chopins vorletztes Prélude, die zwar beide zum Schlußstück eines Zyklus hinführen, aber, separat gespielt, um so poetischer wirken. Als ein musikalisches Fragezeichen, das auf einer Leiter von verminderten Septimenakkorden ins Nichts führt, steht dann Liszts »Bagatelle ohne Tonart« allein.

AD Ein sehr merkwürdiger Fall in Sachen Aufhören ist das Finale von Schuberts letzter Klaviersonate. Da setzt sich der Bewegung ein Zwang zum Aufhören entgegen, in Gestalt der synkopierten *fortepiano*-Oktave auf G, die schon ganz am Anfang erklingt. Sie haben diese Sonate oft gespielt. Verstehen Sie das?

AB Es gab eine Zeit, da war Schubert herzig, flott und ölig wie dieser grauenhafte Richard Tauber in »Lilac Time«. Dann folgte der verspätete Umschwung – Schubert war syphilitisch und trug einen chronischen Trauerrand. Ich höre den letzten Satz der B-Dur-Sonate jedenfalls nicht aus dieser Perspektive, also als ein ständiges Aufbäumen und ermattetes Absinken. Daß der Satz eher fröhlich und spielerisch ist im Sinne mancher Finalsätze Beethovens (wie dem an Stelle der Großen Fuge nachkomponierten, ebenfalls in B-Dur), ergibt sich aus dem Charakter der Thematik. Wienerisch gesagt: Die Lage ist hoffnungslos, aber nicht ernst. Daß die Oktave auf G über zwei Halbtöne ins F hinabgeführt wird, darf man auch humoristisch nehmen; darüber hinaus gibt es eine sehr gute, rein musikalische Ursache: bereits im Hauptthema des ersten Satzes sind zwei Vorhalte, G-F und Ges-F, als wichtige Motive vorhanden, die den Verlauf des Werkes mitbestimmen. Der geflüsterte Baßtriller auf Ges ist ja der Hintergrund, die geheimnisvolle dritte Dimension, ein langer Schatten in die Stille. Vor der Coda des Finales wird dann auch noch die Hoffnungslosigkeit, und sei sie noch so vergnügt, Lügen gestraft: Das Ges wird auf bezaubernde Weise endgültig eliminiert. Die Coda ist entzückt darüber.

AD Etwas kann auch aufhören, indem es auf seinen Anfang zurückkommt. Schumann hat das komponiert, in seinem musikalisch schönen Liederzyklus »Frauenliebe und -leben«, der jetzt seiner Texte halber als peinlich gilt. Gibt es so etwas im Leben: daß der Kreis sich schließt?

AB Aber sicher. Man kann kindisch werden. Daß der Kreis sich schließt in ein energisches Credo, wie am Schluß von Schuberts großer A-Dur-Sonate – das bringt allerdings nur die Musik fertig.

Als der 119jährige
Großverweser sämtlicher Sonaten Balladen und Bagatellen
das Podium nach der zwölften Zugabe
endgültig hinter sich zurückließ
mischte sich in den Gram des Publikums
ein leises Rummeln und Grollen
bevor die goldene Orgel
Anton Bruckners Ein und Alles
jäh aus der Wand sprang
den Konzertflügel
kakophonisch unter sich begrabend

Bar jeden Zartgefühls
blickten die Karyatiden
auf das Gewirr von Holz Filz und Stahl
während sich
wenige Handbreit höher
die Statuen der 27 allergrößten Komponisten
als seien es Lemminge
reihenweise von den Sockeln stürzten

Das Ende einer Ära
konstatierte eine scharfe Stimme
bevor der Dame
es war die Garderobiere vom Sacher
das linke Bein Schuberts
wie eine Trophäe
in den Schoß fiel

Wochen
wenn nicht Monate
würden vergehen
ehe das Musikleben
auf feste Füße zurückfand

Mit seinen eigenen Augen
mußte er mitansehen
wie
von einem Atemzug zum anderen
die weißen Tasten des Konzertflügels
sich einschwärzten
die schwarzen zugleich
milchweiß verschimmelten
ein Widersinn
der darauf hinzudeuten schien
es seien
die den Fingern entquellenden
Rondos Konzertetüden und Doppelfugen
gleichfalls ins Paradoxe zu wenden
grinsende Gegenbilder ihrer selbst
Tongespenster
ausgebleicht auf schwarzem Grund

Heute bin ich eine Maus
klein genug
an den Pedalen entlang
in den Flügel zu schlüpfen
Sie müssen verstehen
Dieser Wurzenfilz
ist etwas Göttliches
kilometerweit
sticht er Mäusen in die Nase
Sofort
stürzen wir uns auf die Hammerköpfe
und bauen uns daraus ein Nest
dann zernagen wir die Dämpfer
bis sie nichts mehr dämpfen
wozu auch
wir Feldmäuse ziehen Aeolsharfen vor
bei jedem Lufthauch
ist die Musik von selbst da
zart und gruselig
dazu pfeifen wir leise
hat man je
etwas Schöneres gehört

Auf dem Schießklavier
liegen schußbereit die Gewehre
Ein guter Ort sie aufzubewahren
statt beschossen zu werden
schießen wir lieber selber
Als Auftakt
ein Schuß in die Decke
Dann zum Einschießen
die Gipsbüsten
Eine Salve daraufhin
in den Leib des Klaviers
das Zersplittern der Pedale
ein fröhlicher Anblick
jetzt die Schrift über den Tasten
Mauser & Sons
von Einschußlöchern durchsiebt
Ein paar Schreckschüsse nun
mit dem Luftgewehr
ins kreischende Publikum
Kollegen und Kritiker
da kennen Sie uns schlecht
wir sind ja keine Unmenschen
denen verzeihen wir alles
schießen über ihre Köpfe
hoffend
daß sie beim Davonlaufen
in die nächste Grube fallen
Dort holen wir sie wieder heraus
biegen sie zurecht
bürsten sie glatt
und schießen
vor lauter Begeisterung
dreimal in die Luft

Hören

Hören ist Lust und Pein. Chronisch strapaziert, kommen die Ohren des Musikers nur in völliger Stille zu etwas Ruhe. (Das innere Hören verfolgt ihn auch da noch bis in den Traum hinein.) Dem Hotelpersonal gegenüber beklagt er sich über das Gestöhn des Aufzugs, den Summton der Klimaanlage oder das Vibrieren des Generators im Innenhof. Was der Musiker wahrnimmt, kann ihn quälen, ja traumatisch verfolgen: die stechenden Außenstimmen in der Klangbalance eines Kollegen, obligat gewordene Lärmausbrüche in Theater und Kino, die elektronisch verstärkten Feste des Nachbarn, der Schrecken einer immer lauteren, in Vulgarität und Gewalt versinkenden Welt, deren liebstes Ziel es zu sein scheint, das Gehör zu schädigen.

Was die Ohren aufnehmen, kann ihn aber auch erfreuen, ja in Glückseligkeit versetzen: der große musikalische Zusammenhang, das Equilibrium, die Energie und Zartheit einer schönen Aufführung, das Timbre einer geliebten Stimme, der Gesang der Vögel, das Erlebnis einer Neues eröffnenden Komposition, die Reinheit eines mehrstimmig gesungenen Akkords.

Das Hören hat sein eigenes Gedächtnis. Es verzeichnet den bösen Hund, dessen Bellen mich als Kind erschreckte. Die Volkslieder, die meine Kinderfrau sang. Den schönen Berliner Dada-Schlager: »Ich reiß mir eine Wimper aus und stech dich damit tot«, ohne Arg gesungen von meiner Mutter. Hitlers Stimme, wenn er »den Herrgott« anrief. Goebbels' krähendes Organ, wenn er prätentiöse Wendungen wie »vor meinem geistigen Auge Revue passieren lassen« aussprach. Fliegeralarm, Flugzeuggedröhn, Bomben. Ljuba Welitsch als Salome. Edwin Fischers Klavierklang. Maria Casarés als Lady Macbeth in Avignon. Ralph Kirkpatricks zwei Scarlatti-Abende. Gré Brouwenstijn als Leonore im Fidelio. Die Epiphanie der »Aventures et Nouvelles Aventures« von Ligéti. Die magische Geräuschmusik in Peter Brooks »Sommernachtstraum«. Alle Arten des Lachens.

Als Pianist fällt es mir schwer, Hören und Fühlen (hier also den Tastsinn) auseinanderzuhalten. Wenn ich Musik höre, ist für mich, auch wenn ich nicht selbst spiele, eine Dreidimensionalität da, die plastische Aufführungen von planen unterscheidet. Bernard Berenson hat die »tastbaren Werte« in der Malerei zum Kriterium gemacht. Auch Musik ist, wie meine Ohren mir manchmal erklären, etwas greifbar Körperliches, und ihre sinnliche Erscheinungsform ist nicht weniger eindrücklich als ihre kompositorische Ordnung und Struktur. Doch sollte diese Klangsinnlichkeit stets verschwistert sein mit dem anderen »Fühlen« – jenem des Gefühls –, sonst bliebe sie Oberfläche.

Ich kenne Musiker, die können, wenn andere reden, nicht zuhören. Am liebsten reden sie selbst, geben Wortkonzerte und erwarten, daß man ihnen lauscht wie im Konzertsaal. Ob sie charakterisieren können, wenn sie spielen?

Erst der Zusammenhang von Tönen ergibt Musik. Charakter beginnt jedoch bereits beim Einzelton. Wie kurz oder lang, heftig oder zart, trocken oder hallig, gesanglich oder starr dieser gespielt oder gesungen wird, das hören wir bereits als charakteristischen Ausdruck. Die Macht des Einzeltons, etwas zu bedeuten, ist größer als gemeinhin angenommen. Vielleicht sollte schon hier das Verständnis von Interpretation ansetzen – sofern man sich nicht lieber dem Moog-Synthesizer verschreibt.

Musik ist räumlich. Unter den Sinneswahrnehmungen ist die früheste im Mutterleib das Hören. Auch in der Musik bleibt der Puls bestimmend. Musik ist von Raum umschlossen, der den Klang zum Blühen bringt oder ihn erstickt, der sich aber auch weiten kann ins Offene und Unendliche, als Befreiung oder Bedrohung.

Der Musiker möchte die Stille hören. Sie ist vor und nach, in, unter und über den Tönen, lautlos atmend in den Pausen, manchmal, wie in Schuberts B-Dur-Sonate, der Nährboden des Beginns, dann wieder, wie in Beethovens letzten drei Sonaten, die zu erreichende Bestimmung, die Auflösung ins Innere, das Abwerfen der Fesseln, das endgültige Verstummen.

Der Musiker auf dem Podium ist ein Hör-Konglomerat. Er muß sich selbst zuhören, also wahrnehmen, was er spielt, und darauf reagieren. Er muß zugleich sein Spiel voraushören, das ganze Stück im Blick. Außerdem spielt er für die Hörer in der zehnten oder dreiundzwanzigsten Reihe, hört gleichsam auf Distanz mit deren Ohren. Zusätzlich registriert er störende Geräusche – offenes Husten, zwanghaftes Räuspern, ein pfeifendes Hörgerät, ein Mobiltelefon – und entscheidet, ob und wie er einschreiten soll. Abschließend fragt er sich, ob das Publikum, die tausendohrige Gottheit, ihn erhört hat.

Ich höre mich. Das Publikum hört mich. Höre ich den Komponisten?

(Für Klaus Reichert)

Bücher und Noten

Meine Eltern besaßen keine Bibliothek, sondern einen Bücherschrank von mäßiger Größe. Hinter den Glasscheiben erblickte man Wilhelm Buschs »Humoristischen Hausschatz« neben Hitlers »Mein Kampf«, dazu Heimatliteratur der bescheidensten Sorte (Paul Keller), Zukunftsromane, die zwanzig Jahre später schon überholt waren (Hans Dominik) und neuromantischen Seelenkitsch (»Die Heilige und ihr Narr«). Der Schrank enthielt außerdem, das sollte ich nicht vergessen, Erich Kästners »35. Mai«, bald eines meiner Lieblingsbücher.

Im Salon, in dem niemals jemand saß, standen ungelesen, aber sorgfältig entstaubt, die Goldschnitt-Klassiker. Mit vierzehn las ich den »Faust« und fühlte mich undeutlich erhoben. Folgenreicher war die Lektüre von A bis Z des Musiklexikons von Hermann Abert, das meine Eltern mir geschenkt hatten. Mit diesem Buch begann meine Bibliothek.

In den ersten Nachkriegsjahren war es die Leihbibliothek der Grazer Arbeiterkammer, die mich literarisch ernährte. Vieles, was dort seit der Einbürgerung Österreichs ins Dritte Reich in den Kellern geschlummert hatte, kam nun wieder ans Licht. Die gesamte deutsche Lyrik stand zur Verfügung. Aus einer Literaturgeschichte erfuhr ich, daß Dehmel, Liliencron und Gustav Falke die wichtigsten Dichter um 1900 seien. Nachdem ich selbst 24 Sonette angefertigt hatte, entsagte ich dieser edlen Gattung für alle Zukunft.

Mit meinem Taschengeld erwarb ich die Neuerscheinungen »Doktor Faustus« und »Das Glasperlenspiel«. Daneben gab es die Grazer Tauschzentrale. Man brachte Gegenstände, zum Beispiel Bücher, dorthin, die taxiert wurden, und konnte dafür andere Objekte der gleichen Taxe mitnehmen. Ich erstand dort nicht nur ein nutzloses Handbuch der Musikerziehung, sondern auch frühe Dada-Flugblätter und den Dada-Almanach von 1920, dessen Umschlag ein Beethoven mit Schnurrbart ziert. Dieser und der Spruch »Solang der Arp in die Hose paßt, wird keine Arpeit angefaßt« hatten gewaltige Wirkung, nicht auf meine Arbeitsmoral, sondern auf mein Kunstverständnis. Der Zufallsfund von Max Ernsts Collagenroman »Rêve d'une petite fille qui voulut entrer au Carmel« auf einem Pariser Flohmarkt richtete meine Aufmerksamkeit vollends auf Dada und Surrealismus, heute noch eine der Säulen meiner Bibliothek und meines auf einem Bein balancierenden Weltbewußtseins.

Zugleich begannen Musikalien den Flügel zu bedecken. Diese zweite Bibliothek wurde zunächst von geschenkten oder billig gekauften Noten gespeist, doch fand ich in einem Antiquariat für jeweils fünf österreichische Schilling zwei Exemplare des Erstdrucks von Beethovens Hammerklaviersonate. Eines ist noch in meinem Besitz, das andere verkaufte ich in der Schweiz und kaufte dafür mehr Bücher. Es fröstelt mich, wenn ich daran denke, aus welchen Ausgaben ich anfangs spielte, doch benützte ich bald nach Möglichkeit jene von Kullak, Bischoff und Schenker, den Helden unter den älteren Herausgebern, die den Weg für die modernen Urtextausgaben wiesen. Dazu entstand das Bedürfnis, selbst die Quellen zu besichtigen oder wenigstens Reproduktionen der Autographen und Erstdrucke an mich zu bringen. Bevor ich gegen Ende der 50er Jahre Beethovens kleinere Variationenwerke aufnahm, setzte ich mich in die Wiener Nationalbibliothek und korrigierte anhand der Erstdrucke Ruthardts schauderhafte Ausgabe mit dem Rotstift.

Neben dem Festland der sogenannten Weltliteratur gab es im Büchermeer zeitweilige oder permanente Inseln: Musil und Musiliana; Masken und Art brut; Kitsch; Nonsense; Bücher über Lachen, Humor, Ironie, Witz und das Komische; Lisztiana (die stark verzeichnete Figur Liszt mußte rehabilitiert werden); Cartoons – zumal jene Text und Graphik anspruchsvoll kombinierende Variante, die keinen eigenen Namen hat und zwischen die ästhetischen Stühle fällt (Edward Gorey, Gary Larson); das Stilleben mit besonderer Berücksichtigung des Trompe l'oeil; Stendhal; Lichtenberg und den Aphorismus; die polnische Nachkriegslyrik; italienische Literatur seit Svevo und Versuche über mein Hauslaster, die musikalische Interpretation.

Ich verdanke Büchern einen guten Teil meiner Einsicht in Menschen, meines Zweifels und meiner Liebe. Ich verdanke ihnen meinen Sprachdrang und jene Verknüpfung von kritischer Distanz und Hingerissenheit, die sich parallel auch im Umgang mit der großen Klavierliteratur entwickelte. Wo meine Bücher, Noten und Musikaufnahmen sind, bin ich zu Hause. Sie fesseln mich, einen hilflosen Gulliver, an die Regale und Schränke, in denen sie aufbewahrt sind und in denen meine Reflexe sie wiederfinden. An einen Umzug ist nicht mehr zu denken. Stapel von Büchern, die ich lesen könnte, lesen sollte oder sogar lesen müßte, türmen sich auf Brust und Lunge. Da hilft nur, einmal mehr nach der »Karthause von Parma« zu greifen, die leidenschaftliche Klarheit dieser Prosa zu genießen, aufzuatmen, auszuatmen.

Erinnerungen eines Musikers an Isaiah Berlin

*Zur hundertsten Wiederkehr seines Geburtstags
am 6. Juni 2009*

Nach einem meiner Beethoven-Abende in der Londoner Queen Elizabeth Hall, es war wohl im Jahre 1975, lernte ich Isaiah Berlin kennen. Ich kannte seinen Ruf als Philosoph, Ideengeschichtler und intellektuelle Zierde Oxfords, war ihm aber persönlich noch nicht begegnet. Dana Scott, der amerikanische Mathematiker und Logiker, und dessen Frau, die Pianistin Irene Schreyer, hatten ihn aus Oxford mitgebracht, wo Dana damals Vorlesungen hielt. Mit seiner Frau spielte Dana übrigens vierhändig Wiener Walzer, die er selbst komponierte.

Ein paar Tage später traf ich Isaiah im Hause von Lord Drogheda wieder. Der Lord war Vorsitzender des Aufsichtsrats der königlichen Oper Covent Garden, dem auch Berlin angehörte. Isaiahs Stimme, damals noch kräftig, dröhnte in rapidem Sprechtempo, aber dennoch mit größter Deutlichkeit, über den Eßtisch. Schnell entwickelte sich eine Freundschaft, die es meiner Frau und mir immer wieder gestattete, mit Isaiah und Aline Berlin Zeit zu verbringen, sei es in ihrem schönen Oxforder Domizil oder in ihrem ligurischen Zufluchtsort Paraggi, sei es bei uns in London oder in Dorset, wo wir Isaiah und seine Freunde zu seinem 80. Geburtstag versammelten.

Vor dem Geburtstagsessen spielte ich in der angrenzenden Kirche Schuberts B-Dur-Sonate. Das Andante sostenuto dieser Sonate gehörte zu Isaiahs Lieblingsstücken. Ich spielte es dann wieder bei der Gedenkfeier in der Synagoge von Hampstead im Januar 1998. Ein paar Jahre zuvor hatte Isaiah die letzten Schubert-Sonaten in einem meiner Konzerte als Trias gehört. Sicherlich hatte er auch Artur Schnabel, den bevorzugten Pianisten seiner jüngeren Jahre, als Schubert-Spieler erlebt. Doch war ihm der kumulative Eindruck dieser Dreiheit offenbar neu. Von Natur aus war Isaiah ein Rossini- und Verdi-Verehrer, der das Rossini-Festival in Pesaro regelmäßig besuchte. Im Alter jedoch schienen sich seine musikalischen Bedürfnisse immer mehr auf Beethoven und Schubert zu richten.

Isaiahs Lust an der Musik hatte seine kindliche Seite. Wenn ein Stück streng im Tempo blieb, machte es ihm Vergnügen, den Rhythmus mit den Fingerspitzen der rechten Hand auf den Oberschenkel zu klopfen. (Isaiah verehrte Toscanini.) Sein Ideal einer naiven, im Gegensatz zur sentimentalischen, Musik, denkwürdig ausgesprochen in seinem an Schiller anknüpfenden Essay über die Naivität Verdis, bedeutete jedoch nicht, daß ihm die komplexeren Verdienste der sogenannten deutschen Musik unzugänglich gewesen wären.

Isaiahs Steckenpferd blieb dennoch die Oper. Um ihn zufriedenzustellen, bedurfte es allerdings eines Regisseurs, der lieber das Stück in Szene setzte als sich selbst. Seine Kenntnis obskurer russischer Opern war erstaunlich. Als Mitglied des Direktoriums von Covent Garden besuchte er praktisch jede Opernproduktion in London, einschließlich jener der Konkurrenz, nämlich der English National Opera. Gemeinsam hörten wir dort die Uraufführung von Harrison Birtwistles genialer »Mask of Orpheus« ebenso wie Busonis »Doktor Faust«, dessen Musik Isaiah »moral charm« attestierte, eine seltene Eigenschaft, die er sonst menschlichen Wesen vorbehielt. Zu seinen Freunden unter den zeitgenössischen Komponisten gehörte George Benjamin.

Wagner machte ihm Schwierigkeiten. Daß große Komponisten manchmal unerfreuliche Menschen waren und daß diese Unerfreulichkeit sich nicht notwendigerweise in der Musik niederschlagen mußte, war für ihn schwer zu begreifen. Mit der Person Verdis oder Rossinis mochte er sich bereitwillig identifizieren. Der Mensch Wagner hingegen stieß ihn ab. Doch wollte er ihm dramatisches und musikalisches Genie nicht absprechen, was ihn dazu bewegte, sich tapfer mit ihm zu beschäftigen. Bei einem gemeinsamen Parsifal-Besuch sagte er mir in der Pause in seinem charakteristischen Staccato: »The idea of redemption I do *not* understand.« (Die Idee der Erlösung ist mir unverständlich.)

Bewaffnet mit Büchern über Barockarchitektur und George Bernard Shaws immer noch sehr lesbarem Essay über Wagners »Ring« begaben sich die Berlin- und Brendel-Familien 1979 nach Bayreuth zum letzten Ring-Zyklus von Boulez und Chereau. Zu unseren Zielen gehörte es, uns auf Wagners Textdichtung einzulassen – etwas, was ich bis dahin mit Fleiß vermieden hatte –, um so unter der Oberfläche dieser peinigend artifiziellen Sprache auf die tieferen, wohl kaum antisemitischen oder im engeren Sinne nationalistischen, Schichten von Wagners Dramaturgie zu stoßen. Obwohl Isaiah seine Aversion nie ganz verlor, schien sich am Ende doch ein schärferes Bewußtsein von Wagners musikalischer Gewalt und umfassender theatralischer Vision eingestellt zu haben, was dem Team Boulez/Chereau nicht weniger zu danken war als der Bayreuther Akustik.

Ein anderer Ausflug führte uns 1988 gemeinsam nach Moskau und Leningrad. Es war dies meine erste Konzertreise in die Sowjetunion, bei der mir nicht nur Isaiah und Aline, sondern auch eine Reihe von Freunden aus Deutschland und Amerika Gesellschaft leisteten. Die Ära Gorbatschow hatte begonnen, und Isaiah besuchte nach längerer Pause wieder das Land, in dem er seit seinem berühmten Zusammentreffen mit Anna Achmatowa im Jahre 1945 erst einmal gewesen war. Wir genossen den Vorzug, in der Botschaft Großbritanniens zu wohnen, von der aus man über den Fluß Moskva hinweg auf die Kuppeln der Kreml-Kirchen sah. Mein Konzert fand in einem merkwürdigen Saal statt, der eigentlich Schachmeisterschaften und Trauerfeiern für Helden der Sowjetunion vorbehalten war. Isaiah schien völlig entspannt und sprach in fließendem Russisch mit Passanten auf der Straße.

In Leningrad wohnten wir alle gegenüber dem Konzertsaal, dessen Architektur die ehemalige Börse verriet. Während des Frühstücks geriet meine geschätzte Freundin Marianne Koch in ein Gespräch mit einem bärtigen Moskowiter und seiner zwölfjährigen Tochter Polina, einem für sein Alter hochgewachsenen und robusten Klavierwunderkind. Als man begriff, wer ich war, lud man uns alle für den Abend zu einem Drink in ihr Hotelzimmer ein. Begierig Leute kennenzulernen, die nichts mit der staatlichen Konzertagentur Goskoncert zu tun hatten, beschlossen wir hinzugehen. In ihrer Suite erwartete uns nicht nur Polinas Vater, sondern auch ein Sprachlehrer, der Geschäftsleuten das primitivste Englisch beibrachte, ein langer jüdischer Schauspieler, der sich ironisch als Paul Schofield vorstellte, und der gepflegt aussehende Direktor des lokalen Fernsehens. Unser Gastgeber, eine Figur wie aus Dostojewskis »Dämonen«, hielt weitschweifige Monologe über seine musikalischen Idole, die Haydn und Horowitz (auf russisch: Gaydn und Gorowitz) miteinschlossen, während zahlreiche Weinflaschen hereingetragen wurden. Dann stürmte Polina, die mit einem Orchester probiert hatte, ins Zimmer, setzte sich an das schreckliche Pianino (Marke »Roter Oktober«) und spielte den Anfang jedes Stückes, das ihr Vater zu erwähnen beliebte. Am nächsten Tag, so wurde uns mitgeteilt, gingen die Proben von Bach-Konzerten mit dem Kammerorchester weiter – ob wir nicht kommen wollten? Einige von uns, einschließlich Isaiah, taten dies dann wirklich und beobachteten Polina, wie sie alle ihre Noten mit festen Fingern bewältigte, während ihr Vater wild gestikulierend mit Riesenschritten den Mittelgang hinauf- und hinunterging. Wenn er vorne bei der Klavierspielerin angekommen war, rief er ihr etwas zu, was sie mit ihm zugewandtem Kopf zur Kenntnis nahm, ohne ihr Spiel zu unterbrechen. Wie wir später erfuhren, war der Mann ein musikalischer Dilettant. Seine gebrochene Nase verriet das wahre Metier: Sein Sohn war von ihm zum Boxer ausgebildet worden.

Das Ende der Geschichte ereignete sich, als Isaiah und Aline bereits abgereist waren. Die Gruppe um Polina hatte versprochen, mein letztes Konzert anzuhören, doch niemand erschien danach im Künstlerzimmer. Im Hotel packte ich meine Sachen zusammen, da klopfte es. Als ich die Tür öffnete, sah ich Polina vor mir, als Ballettmädchen mit einem Tutu bekleidet, flankiert vom netten Sprachlehrer rechts und der Ersatzmutter des Augenblicks links, alle mit einem Blümchen in der Hand. Ich sollte doch bitte noch hinüberkommen. Es war, als kehrte man in ein Theaterstück zurück: Dieselben Leute hatten sich versammelt, und der schon leicht schwankende Gastgeber teilte mir feierlich mit, er habe nun dank meiner Intervention seine skeptische Meinung über Schubert geändert. Ich spürte, wie die neben mir sitzende Polina ihren Tutu an mich drückte, als ich in der Ecke den Kameramann bemerkte, der das Ganze filmte.

Isaiahs Vergnügen an Menschen war nicht geringer als jenes an Opern. Im Gespräch bleibt er, als Zuhörer wie als Sprecher, unübertroffen. Er unterhielt sich lieber als zu schreiben. Aber niemand schrieb Nachrufe wie Isaiah. Im Gegensatz zu manchen britischen Zeitungen, die sich nach dem Tod von Persönlichkeiten gerne von oben herab geben (Max Ernst: »He was not a very good painter«), waren seine Einschätzungen frei von Dünkel. Isaiahs Bekanntenkreis war riesig. Niemals ichbezogen, speicherte er die anderen. Seine Neugier war unersättlich, sein kritischer Sinn eher spielerisch als maliziös. Die Person, der er zu allererst kritisch gegenüberstand, war er selbst. Weil er nie den Eindruck machte, sich über Gebühr ernstzunehmen, schüchterte er niemanden ein. Sein Riesengedächtnis stürzte sich auf Informationen und bewahrte sie präzise. Selbst wenn Isaiah rasend schnell sprach, blieb klar, was er sagte. Seine Virtuosität in der Zusammenfassung von Buchinhalten oder komplizierten Sachverhalten war einzigartig. Jeder, auch der längste Satz wurde in seinen frei gesprochenen Vorlesungen und Rundfunkvorträgen makellos beendet.

In Woody Allens Film »Zelig« entzückte ihn der kurze Blick auf eine, von orthodoxen Juden bestrittene, Aufführung des »Sommernachtstraums«. Isaiah liebte das Komische. Die Geschichten, Anekdoten oder Witze, die er selbst erzählte, waren niemals zu lang. Ein Beispiel: Als Strawinsky sichtlich bewegt an seines Lehrers Rimski-Korsakows Begräbnis teilnahm, sagte dessen Witwe zu ihm: »Fassen Sie sich, junger Mann, wir haben ja noch Glasunow.«

Dem Vorurteil, daß Witz und Tiefe (profundity) einander ausschlössen, hing Isaiah nicht an. Eine Verbindung beider war willkommen; er selbst gab da ein gutes Beispiel. Die Vorstellung, daß große Musik komisch sein könne, war ihm keineswegs fremd, wie sie es immer noch manchen Philosophen und Musikern geblieben ist. Vielleicht ist Humorlosigkeit eine seelische Farbenblindheit. (Isaiah liebte oxymoronische Wortschöpfungen. Ich erwähnte bereits »moral charm«; einen prominenten Akademiker bezeichnete er als »genuine charlatan«, zu übersetzen etwa als »unverfälschten, authentischen Aufschneider«.) Als ich 1984 meine Darwin Lecture über die komischen Möglichkeiten der absoluten Musik niederschrieb, nahm er daran lebhaft Anteil. Der englische Titel des Vortrags »Does Classical Music have to be Entirely Serious« stammt von ihm.

Mit seinen Gästen spielte Isaiah gerne Spiele. Es wurden

da zum Beispiel Personen ausgewählt, die wir alle kannten, und diese dann in verschiedenen Kategorien mit Noten von 1 bis 10 bedacht. Zu den Kategorien, die jeweils aus dem Stegreif vereinbart wurden, gehörten Intelligenz, Talent, Phantasie, Anstand (decency) usw. Im Falle einer bekannten Kulturgröße einigten wir uns auf ein Fluktuieren der Intelligenz zwischen 2 und 9. Isaiah liebte es auch, in Fragen von intellektuellem Interesse konsultiert zu werden. Als ich ihn einmal bat, mir eine Qualität zu nennen, die, aller uns umgebender Pluralität zum Trotz, in vielen Kulturen am ehesten geschätzt würde, sagte Isaiah nach einem Moment des Nachdenkens: »Zuverlässigkeit«.

Während seiner Spaziergänge blieb er immer wieder stehen, um etwas mit Nachdruck begreiflich zu machen, sei es die Problematik der absoluten Wahrheit, die Wirkung und Ausstrahlung des Genies (eines Begriffs, ohne den er nicht auskam), sein eigener Hang zur Heldenverehrung, oder der Sinn des Lebens, dessen Vorhandensein er bezweifelte. Am Mittelmeer ging er ins Wasser, konnte aber nicht schwimmen. So stand er drin und redete fröhlich mit jedem, der vorbeikam. Es war während eines langen Spaziergangs in Paraggi, daß er mir die Ursache seiner Sympathien mit dem Zionismus darzulegen suchte. Daß jüdische Menschen ein Land brauchten, dem sie angehören und in dem sie sich zu Hause fühlen konnten, vertrug für ihn keinen Zweifel. Ich selbst hege die tiefsten Sympathien für den jüdischen Leidensweg. Aus meiner Kindheit ist mir die Erinnerung an den Anblick des gelben Sterns, welchen Juden unter dem Zwang der Nazis und Ustaschi öffentlich tragen mußten, stets gegenwärtig. Zugleich hat mich der fanatische Nationalismus ihrer Unterdrücker gegen alles, was mit »Scholle« zu tun hat, immun gemacht. Als Mitteleuropäer im Ausland ziehe ich es vor, zahlender Gast zu sein. Es hat mich dennoch besonders gerührt und geehrt, daß ich zu den ersten Musikern aus den ehemaligen Naziländern gehörte, die Gelegenheit hatten, mit dem Philharmonischen Orchester Israels zu spielen. Isaiah führte mich damals in Jerusalem den Philosophen Avishai und Edna Margalit zu, die meine Freunde wurden. Über eine Reihe von Jahren reiste ich nun in dieses Land und teilte als Solist für ein paar Wochen die kaum glaubliche Arbeitslast des glänzenden Orchesters, das jede Woche an 6 aufeinanderfolgenden Tagen Konzerte spielt. (Der Sabbath sei gepriesen.) Dann gewann Netanyahu, zur Verzweiflung aller, die ich kannte, die Wahl. Es wird wohl um diese Zeit gewesen sein, daß Isaiah es aufgab, ein Land zu besuchen, das seinen Hoffnungen nicht mehr entsprach.

Zu Isaiahs engerem Freudeskreis gehörte der stets jugendlich leuchtende Stephen Spender, die Philosophen Stewart Hampshire, Bernard Williams (ein weiterer Opernexperte) und Ronald Dworkin, der Historiker Noel Annan und, als Gast aus der USA, der langjährige Chefredakteur der New York Review of Books, Robert Silvers. Freundlicher, lebendiger, anregender, beredter hat wohl nie eine Runde zusammengefunden. Die Erinnerung daran wärmt mein Herz.

London, 2009

Untröstlichkeit und Trost –
Alfred Brendel zu Ehren

Peter Hamm

Wann immer uns Alfred Brendel in den letzten Jahrzehnten auf seine Reisen durch die Seelenlandschaften großer Musik mitnahm, war das immer auch, jenseits des puren Hörerglücks, ein gewagtes emotionales und intellektuelles Abenteuer, bei dem einem bewußt wurde, daß Musik eine spezifische Form des Denkens ist. Man hat Alfred Brendel als »Philosophen am Klavier« und als »Hamlet am Klavier« etikettiert, und der Basler Schriftsteller Jürg Laederach hat sogar vorgeschlagen, im Synonym-Lexikon das Wort *nachdenken* durch das Wort *brendeln* zu ersetzen. Wie verwegen kommt es einem da vor, über Alfred Brendel und seine Kunst etwas sagen zu wollen, was er selbst, sowohl in Tönen wie in Worten, nicht viel genauer und spannender zu artikulieren wüßte. Wenn es dennoch geschieht, muß ein Bekenntnis am Anfang stehen, das Bekenntnis einer geradezu existentiellen Erschütterung, die ich Alfred Brendel als demjenigen verdanke, der mir den Kosmos Franz Schubert auf eine Weise erschloß, die für mich einer neuen Welt-Erfahrung gleichkam.

Zunächst war es allerdings nicht Schubert, mit dem Alfred Brendel sozusagen in mein Leben trat, sondern Robert Schumann. Es muß im Winter 1969/70 gewesen sein, als ich in einem kleinen Schallplattenladen in London-Soho eine Platte mit Schumanns »Sinfonischen Etüden« op.13 erwarb, einzig und allein, um das mir bis dato unbekannte Werk endlich kennenzulernen; der Name des Interpreten – Alfred Brendel – war für mich (und nicht nur für mich) damals kaum mehr als ein Gerücht, der Name der Plattenfirma kein irgendwie geläufiger. Als ich am Abend dann gemeinsam mit einer in London lebenden Freundin diese Schumann-Platte anhörte, geschah etwas Unerwartetes: mindestens in dem Maße, in dem mich Schumanns Komposition in ihrer träumerischen Schwermut bewegte, elektrisierte mich auch Alfred Brendels Interpretation. Die emotionelle Hochspannung, die er von der ersten bis zur letzten Note durchhielt, der Klangfarbensinn, der hier geradezu zur Klangerotik wurde, die Kunst, das Klavier in ein Orchester zu verwandeln und dabei doch stets durchsichtig und deutlich zu bleiben, nichts zu verwischen, vor allem aber die Fähigkeit, auf dem Klavier gleichzeitig zu singen und zu sprechen, alles das schlug mich so in Bann, daß ich diesem Pianisten bald auch leibhaftig im Konzertsaal zu begegnen wünschte.

Ich stand damals noch in Diensten einer Rundfunkanstalt, und ich erinnere mich, wie ich einem völlig verblüfften Programmdirektor erklärte, ich müsse am nächsten Tag unbedingt nach Wien fliegen, im Musikverein spiele Alfred Brendel die letzten drei Schubert-Sonaten. Alfred Brendel, nie gehört, erwiderte der. Und ich: Aber von dem werden Sie noch sehr viel hören! Ich muß damals so entflammt gewirkt haben, daß der gute Mann, wenn auch mit Kopfschütteln, meine Wien-Reise schließlich genehmigte. Dann das Wunder Wien, wo Schubert für mich dank Alfred Brendel zu einem wahren Erweckungserlebnis wurde. Dieser Schubert hatte nichts, aber auch gar nichts gefällig Biedermeierliches mehr, sondern war voll unerbittlicher Winterreisen-Qual und wies in seiner Zerrissenheit und Katastrophenwitterung schon auf Gustav Mahler. Unbegreiflich, daß Schubert einmal erniedrigt werden konnte zum Schwammerl im »Dreimäderlhaus«, unbegreiflich, daß gerade noch der Pianist Alexis Weissenberg geäußert hatte, Schubert-Sonaten seien allenfalls etwas für die Klavierstunde!

Ich lief in jener Nacht nach Brendels Konzert noch stundenlang ziellos durch Wien, fast erdrückt von der Gewalt der Nachklänge dieser Schubert-Offenbarung, die ihren schockartigen Höhepunkt im Mittelteil des Andantinos der A-Dur-Sonate fand, diesem ungeheuerlichen musikalischen Ausbruchsversuch, diesem Aufruhr gegen die Form, wo die Akkorde wie grelle Blitze nebeneinander einschlagen und nicht nur dem Hörer, sondern der Musik selbst sozusagen der Boden unter den Füßen weggezogen wird. Kafkas Diktum, ein Buch müsse sein wie eine Axt für das gefrorene Meer in uns, hier wurde es dank Alfred Brendel auch einmal im Medium der Musik eingelöst.

Nach diesem mir bis heute in allen Einzelheiten lebendigen Wiener Konzerterlebnis gab es für mich kaum Schöneres, als für Brendel überall sozusagen zu missionieren, wobei sich auffallenderweise die Schriftsteller-Freunde am bereitwilligsten vom Brendel-Fieber anstecken ließen, was sicher auch mit der poetischen Dimension zu tun hat, die Brendels Spiel stets kennzeichnete, und die sich vielleicht am besten umschreiben ließe mit einem von Brendel oft zitierten Novalis-Wort, demnach »das Chaos immer durch den Flor der Ordnung schimmern müsse«. Selbst ein von Musik bis dahin kaum je berührter Fernsehredakteur zeigte sich bald wehrlos gegen meine Brendel-Begeisterung und ließ mich im kleinsten, aber damals kühnsten deutschen Sender meinen Plan eines einstündigen Brendel-Filmporträts verwirklichen, was später zur Folge hatte, daß eben dieser Sender Alfred Brendel auch dafür gewinnen konnte, erstmals das ganze relevante Klavierwerk Schuberts für TV aufzunehmen, ein ebenso strapaziöses wie aufregendes Unternehmen, für das ich mit Alfred Brendel in zwei tropisch heißen Londoner Sommern ein Regie-Konzept erarbeitet hatte, das nach heutigen Maßstäben wohl als allzu puristisch gelten würde, erlaubten wir uns doch nur ganz wenige Schnitte und richteten alle Konzentration auf die Musik selbst statt auf Bewegung um der Bewegung willen (was freilich auch bedeutete, daß im Falle eines Fehlers jeweils der ganze Satz von vorne wiederholt werden mußte).

Was in diesen siebziger Jahren durch Alfred Brendel für mich begann, nenne ich die Zeit der großen Geschenke, mit der sich entfaltenden Freundschaft, auch der Familien, die in schöner Regelmäßigkeit gemeinsam die Sommerferien verbrachten – inzwischen war jene Londoner Freundin, mit der ich zuerst Brendels Schumann-Platte gehört hatte, Brendels zweite Frau und die Mutter dreier seiner Kinder –, mit den vielen Konzerten in den Musikmetropolen der Welt, darunter so unvergeßliche wie das in der Pariser Universität, wo Alfred Brendel Beethovens Mammutwerk der Diabelli-Variationen vor einem Publikum spielte, in dem die crème de la crème der französischen Intelligenz von Claude Lévi-Strauss bis Roland Barthes (der auf den Treppenstufen saß) mit einer geradezu physisch manifesten energischen Aufmerksamkeit zuhörte und in Brendels Interpretation wohl auch den grimmigen Empörer und Jakobiner Beethoven wiedererkannte, der einmal die Ideale der französischen Revolution hochhielt. Oder ich denke an ein wahrhaft von Tragik umwittertes Londoner Konzert, bei dem der todkranke Komponist Bruno Maderna zum letzten Mal dirigierte und Alfred Brendel ein Programm absolvierte, von dem er selbst sagte, es sei das Schwierigste, was er sich jemals zugemutet hätte: Nicht nur hatte er da Bela Bartóks Erstes Klavierkonzert und jenes von Arnold Schönberg zu bewältigen, sondern dazwischen spielte er noch, auf einem anderen, leiseren Flügel, Klaviersonaten Joseph Haydns. In den Konzertpausen machte der bereits sehr jenseitig wirkende Maderna, dessen Zeitgefühl stark eingeschränkt und der nur mit Mühe dazu zu bewegen war, immer wieder aufs Konzertpodium hinauszutreten, dennoch große Pläne für künftige Konzerte. Madernas Freunde Luigi Nono und Maurizio Pollini waren aus Italien angereist, weil sie wußten, wie es um Maderna stand, und dazu noch zwei steinreiche Spaghetti-Fabrikanten, die beim anschließenden Essen in einem chinesischen Nobellokal Alfred Brendel die ganze Rechnung zahlen ließen. Zwei Wochen darauf starb Bruno Maderna.

Es war das die Zeit, in der Alfred Brendels Weltkarriere begann, obwohl ein Wort wie Karriere etwas grob Äußerliches hat, das überhaupt nicht zu Brendel paßt, dessen Werdegang denkbar untypisch war und für einen berühmten amerikanischen Kritiker sogar völlig unbegreiflich, weil dieser Pianist doch nie ein Wunderkind war, sich nie eine exzentrische Allüre zulegte und sich auch ohne Tschaikowski und Rachmaninow durchzusetzen verstand (was nicht heißt, daß der junge Brendel nicht auch ein paar schwere Schlachtrösser der Klavierliteratur bestiegen hätte, darunter etwa Balakirews »Islamey Fantasie orientale«, die er souverän ins Ziel brachte). Doch wie begann das alles? Geboren wurde Alfred Brendel in einem klassischen k.u.k-Elternhaus, wo österreichische, deutsche, slawische und italienische Elemente sich mischten und in dem, um mit Gottfried Benn zu sprechen, keine Gainsboroughs hingen und auch kein Chopin gespielt wurde, allenfalls versuchten sich die Eltern gelegentlich vierhändig an populären Ouvertüren. Da der Acht- oder Neunjährige in dem Hotel, das seine Eltern zeitweise auf der dalmatinischen Insel Krk führten, das Grammophon aufziehen durfte, wurden zu seinen musikalischen Erweckungserlebnissen erst einmal Schlager wie »Ob blond, ob braun, ich liebe alle Frau'n« oder »Was macht der Maier am Himalaya?«

Bevor er sich Erhabenerem zuwandte, wurde hier wohl schon ein Grundstock gelegt für den ganz anderen Brendel, der so gern seiner Lust an dem frönt, was Jean Paul treffend »das umgekehrt Erhabene« nannte, eine Lust, die sich nicht nur in Brendels Neigung zum Absurden und schwarzem Humor, zu DADA und jeder Art Nonsens niederschlägt oder in seinen in den letzten Jahren entstandenen köstlich skurrilen Gedichten, in denen er vor allem seine Idiosynkrasien kultiviert und nicht nur Teufel, sondern auch Engel ihr Unwesen treiben läßt, sondern auch und erst recht in seiner Interpretation vieler Haydn-Sonaten oder der Beethovenschen Diabelli-Variationen, die er begreift als »Kompendium musikalischer Komik«. »Zeige mir, wie du lachst, und ich sage dir, wer du bist«, hat er einmal, Dostojevski zitierend, geäußert, und wenn man sein unverwechselbares Lachen vernimmt, etwa mit ihm zusammen in einem Kino vor einem Buñuel- oder Woody-Allen-Film, versteht man auch, warum er in sich einen »anarchischen Doppelgänger« ausgemacht hat. Der offenbarte sich besonders bizarr, als Brendel noch manchmal den Bariton Hermann Prey begleitete und beide Künstler nach dem Konzert gern Fotoautomaten frequentierten, um dort die Lieder der gerade aufgeführten Schubertschen »Winterreise« grimassierend zu charakterisieren; »Krähe, Krähe, wunderliches Tier« gelang ihnen dabei am grausigsten.

Blickt man heute auf Brendels frühe Jahre zurück, wirkt es schier unfaßbar, daß er von Anfang an gewissermaßen sein eigener Lehrer war, der sich Technik, analytische Durchdringung der Werke und Ausdruckskunst als Autodidakt erarbeitete. Es gab da zwar zwei Lehrerinnen, eine während des Krieges in Zagreb und eine danach in Graz, aber von ihnen sagt Alfred Brendel, ihr Hauptverdienst, bei aller Wertschätzung, sei es gewesen, ihm nicht geschadet zu haben. Mit sechzehn Jahren verließ er zum Entsetzen seiner Eltern die Schule, um nur noch der Kunst zu leben, keineswegs ausschließlich der Musik, denn als kolossaler Leser, der er damals schon war, fing er bald auch an selbst zu schreiben, und daneben komponierte er nicht nur, sondern malte sogar noch! In Hanns Eislers erfrischend bösem Essay »Über die Dummheit in der Musik« findet sich auch der Satz: »Wer nur von Musik etwas versteht, versteht auch davon nichts«. Alfred Brendel, der die Museen und bedeutende Architektur dieser Welt besser kennt als viele Kunsthistoriker und Architekten, hat die Musik stets in der Verbindung mit den anderen Künsten gesehen, aber auch in ihrer Verbindung und Verstrickung mit der Geschichte, die gerade noch Georg Büchners Wort vom »Abgrund der Geschichte« grausam bestätigt hatte.

Wer, wie Brendel, als Halbwüchsiger den Einmarsch Hitlers in Graz erlebt hatte und wem nach 1945 der größte Zivilisationsbruch unserer Geschichte schockartig bewußt wurde und die Luft zum Atmen abzuschnüren drohte, der mußte – in Brendels Worten – »alles in Frage stellen, was im Schwange war«, auch was musikalisch im Schwange war. Erstaunlicherweise reagierte Alfred Brendel dabei radikal anders als die allermeisten seiner Altersgenossen unter den Musikern. Während diese Mißtrauen gegen alles beherrschte, was irgendwie nach *Tiefe* oder *Versenkung* klang, da ja die Nazis solche Begriffe gründlich diskreditiert hatten, und sie, die jetzt jede Art von Romantik als etwas »Vages, Unordentliches, Verträumt-Utopisches« (Brendel) ebenso ablehnten wie den Absolutheitsanspruch des Klassischen, sich ihrerseits in kühlen Klassizismus flüchteten – »man spielte Beethoven, als hätte er bei Hindemith komponieren gelernt«, erinnert sich Brendel –, fühlte er sich aufgerufen, nun erst recht die Tiefe der großen klassischen und romantischen Meisterwerke auszuloten, sich in sie zu versenken mit jener Inbrunst, die Beethoven mit seiner Widmung »Von Herzen – möge es wieder zu

Herzen gehen« im Sinn hatte (auch dieses Wort war damals kaum zitierfähig, das Herz hatte sozusagen nicht mehr mitzuspielen).

In der älteren Generation entdeckte Brendel bald jene Musiker für sich, die ihn in seinem antiklassizistischen Weg zu bestärken vermochten und zu verehrten Vorbildern wurden, allen voran Wilhelm Furtwängler, der alle bloß »referierende Wiedergabe« von Musik ebenso als Irrweg bekämpfte wie die Vernachlässigung des großen Zusammenhangs zugunsten des überbetonten Details, und der Brendel als Meister magischer musikalischer Übergänge faszinierte, Übergänge als Orte der Verwandlung in eine andere Sphäre, wie wir sie auch bei Brendel selbst so bewundern können. Auch Pausen wirken bei Brendel, wie bei Furtwängler, nie leer, nie als bloße Löcher, sondern sind Höhepunkt der Anspannung, die einen den Atem anhalten läßt. Es passiert da gewissermaßen mehr als bei vielen Pianisten in einem ganzen Konzert. Unter den Pianisten war es sicher Edwin Fischer, bei dem Alfred Brendel von 1949 bis 1958 drei Meisterkurse absolvieren durfte, und dessen Kunst, bei aller Kontrolle im Spiel noch etwas Undomestiziertes durchscheinen zu lassen, etwas Improvisatorisches, ihn ebenso prägte wie das, was er als die »Selbstvergessenheit« bezeichnet hat, von der Fischers langsame Sätze erfüllt gewesen seien, und die auch Brendels langsame Sätze mit ihren unnachahmlichen Pianoabschattierungen für uns so oft zur Offenbarung werden ließ. Einmal bekannte Brendel, Edwin Fischers Einspielung des »Wohltemperierten Klaviers« von J. S. Bach sei es, die er auf die berühmte einsame Insel mitnehmen wolle, zusammen mit Alfrèd Cortots Dreißiger-Jahre-Einspielung der Préludes von Chopin, an der ihn immer neu Cortots fabelhafte Fähigkeit entzückt, mit seinem Klangfarbensinn und seiner einzigartigen Klangbalance jedem einzelnen der Préludes einen anderen, ganz unverwechselbaren Charakter zu verleihen. Mehr und mehr wurde Alfred Brendel in seiner Entwicklung ja selbst zum musikalischen *Charakterdarsteller,* der von der immer noch nicht zum musikalischen Allgemeingut gewordenen Einsicht ausgeht, daß Struktur und Charakter einer Komposition zwei ganz verschiedene Dinge sind. Zum Charakterdarsteller gehört vor allem auch die Kunst der Deklamation, die Alfred Brendel so bezwingend beherrscht wie Cortot oder Fischer, mit denen er auch die rar gewordene Kunst des cantabile-Spiels teilt, für die wiederum die Kunst der Pedalisierung mitentscheidend ist. Alfred Brendel hörend begreift man, warum Liszt das Pedal als »die Seele des Klaviers« apostrophiert hat.

Was cantabile und Deklamation angeht, so hat Alfred Brendel, wieder nach eigenem Bekenntnis, mindestens so viel wie von Instrumentalisten von bedeutenden Sängern gelernt, an denen es im Nachkriegs-Wien nicht mangelte. Den tiefsten Eindruck empfing er dabei von der einst schmählich aus Wien vertriebenen Lotte Lehmann, bei deren einzigem Nachkriegsauftritt in Wien die Wiener Gesangslehrer keine Schüler schickten, Alfred Brendel aber eine inzwischen fast ausgestorbene Kunst des Atmens und der Diktion – eine fabelhafte Verbindung von Singen und Sprechen – erlebte, die nicht nur ihm die Tränen in die Augen trieb.

Der relativ späte Weltruhm Brendels läßt sich vielleicht auch ein wenig damit erklären, daß Brendel nie der Thomas Bernhardsche »Übertreibungskünstler« war oder wurde, also ein Manierist, der sich in die Extreme flüchtet, quälend langsame oder quälend rasche Tempi bevorzugt, entweder säuselt oder knallt und auf Kosten des Komponisten originell sein will. Ebensowenig war er freilich je ein Purist und eifernder Dogmatiker, der sozusagen mit erhobenem Zeigefinger spielt. Brendel hat sogar vorgeschlagen, »Wörter wie Werk- und

Texttreue aus dem Sprachgebrauch zu entfernen«, ist er doch der Überzeugung, daß »die Vorstellung von einer absoluten Wahrheit potentiell gemeingefährlich« ist, was freilich nicht als Plädoyer für interpretatorische Willkür mißverstanden werden sollte. Brendel hielt sich stets lieber an Edwin Fischers Maxime: »Man belebe das Werk, ohne ihm Gewalt anzutun!«

Von Brendels überlegenem Geist zeugt es, daß er sich schon als junger Musiker auf ein Kernrepertoire konzentrierte, auf Werke, mit denen man ein ganzes Leben verbringen kann, weil sie ständig neue Energien ausstrahlen und neue Rätsel aufgeben. In diesem Sinne pointierte einmal Artur Schnabel: »Ich spiele nur Musik, die besser ist als man sie spielen kann«. Bei solchen Maßstäben konnte im Mittelpunkt naturgemäß nur das Dreigestirn der Wiener Klassik – Haydn, Mozart, Beethoven – stehen und daneben noch Schubert, Schumann und Brahms sowie gelegentliche Ausflüge in die Nachbarschaft, etwa zu Mendelssohn und Weber, wobei man als Eckpfeiler von Brendels Repertoire Bach und Schönberg ansehen könnte. Brendels auffallende Scheu vor Chopin rührt nach seinem eigenen Bekunden auch daher, daß Chopin nie übers Klavier hinausdachte, Brendel aber favorisierte stets Klaviermusik, die dem Klavier auch eine orchestrale, kammermusikalische und vokale Dimension eröffnet.

Manchen befremdete Brendels lebenslange Leidenschaft für Franz Liszt, ein Komponist, der ja nach 1945 eher verpönt war. Es ist heute fast ein Gemeinplatz, Brendel als Schubert-Propheten anzusehen, daß er daneben als Interpret und Essayist auch ein völlig neues Liszt-Bild vermittelte, wird gern übersehen, wobei ich hier keineswegs nur an seine Entdeckung des späten Liszt denke, dessen radikal ausgedünnte, fast skelettartige Klavierstücke nicht nur an die Grenze der Tonalität geraten, sondern manchmal wie eine Buße des Abbé für seine allzu vielen früheren Noten wirken. Bei Aufführungen von Liszts h-moll-Sonate, die Brendel die »originellste, gewaltigste und intelligenteste Sonatenkomposition nach Beethoven und Schubert« nennt oder auch von Liszts »Années de pèlerinage« mit ihren verzückten poetischen Naturbildern und Aufschwüngen ins Mystische, läßt sich bewundern, wie Brendel Liszts Musik das Virtuose keineswegs schuldig bleibt, aber ihr doch alles obenhin Effektvolle ebenso entzieht wie alles zu stark Parfümierte. Für mich war es manchmal fast kurios, zu erleben, wie Alfred Brendel, der so gern den Agnostiker herauskehrt, obwohl er so oft wie möglich Entdeckungsreisen zu barocken und, noch lieber, zu romanischen Kirchen unternimmt, vor manchen Liszt-Stücken – ich denke nur an »Bénédiction de Dieu dans la solitude« – zum frömmsten aller Menschen werden kann (und erst recht vor einem Bachschen Choralvorspiel). Liszt sei nie nur Heiliger Franziskus gewesen, meinte Brendel einmal, sondern immer auch ein wenig Mephisto, und es ist zweifellos diese Dualität, die ihn an Liszt so anzieht.

Auch in Brendels Beethoven-Spiel wird schon in den frühen Aufnahmen – er spielte als blutjunger Pianist bereits Beethovens gesamtes Klavierwerk auf Platten ein – und in zunehmenden Maße in den späteren Aufnahmen und Aufführungen die Aufmerksamkeit auf das Antagonistische in Beethoven gerichtet, das Nebeneinander und auch den Zusammenprall von Aufruhr und Andacht, den gewaltigen Kampf zwischen Intellekt und Emotion, zwischen Anspruch und Ergebung. Bei Beethoven, von dem Busoni sagte, mit ihm träte »zum ersten Mal an Stelle des Formenspiels das Menschliche als Hauptargument in die Tonkunst«, hat Musik stets Bekenntnischarakter, er trug nicht nur die eigenen Widersprüche, sondern auch die der Gesellschaft seiner Zeit in seiner Musik aus, was ihre eigentliche Sprengkraft ausmacht. Wer Alfred

Brendel Beethoven spielen hörte, gar, wie ich, das Glück hatte, den Zyklus aller 32 Beethoven-Sonaten gleich mehrfach hören zu dürfen, der erfuhr auch, wie unfaßbar modern und kühn bis zum Schockierenden dieser Beethoven geblieben ist und wie revolutionär er erst recht seinen Zeitgenossen geklungen haben muß, schrieb er doch immer gegen schier unüberwindliche Widerstände an, für die jenes »Muß es sein? Es muß sein!«, das er über das Finale seines letzten Streichquartetts setzte, schmerzvollster Ausdruck ist.

Den alten Artur Rubinstein hörte ich einmal sagen, das sei ein Hauptunterschied zwischen Beethoven und Mozart, daß über einer Komposition Mozarts undenkbar dieses »Muß es sein? Es muß sein!« stehen könnte. Tatsächlich scheinen vor Mozart alle Widerstände wie von selbst zurückzuweichen – »er findet, ohne zu suchen«, schrieb Busoni über ihn –, was es dem Interpreten aber nicht leichter, sondern erst recht schwer macht. Gern zitiert Brendel Artur Schnabel, der Mozarts Klaviersonaten einmal witzig als »zu leicht für Kinder und zu schwer für Künstler« bezeichnet hat. Der Mozart-Spieler Brendel hat immer diesen *zu schweren* Mozart im Sinn gehabt und nicht jenen, dessen Klaviersonaten noch ein Ernst Bloch als »porzellanhaft« mißverstand, und der vielen noch heute vorwiegend als graziös und galant erscheint. In seinem immer hochexpressiven Mozart-Spiel lenkte Brendel nicht nur in den Klavierkonzerten, sondern gerade auch in Mozarts so sträflich unterschätzten Klaviersonaten den Blick auf den Dramatiker Mozart, bei dem sich hinter der apollinischen Sonnenseite eine Schatten- und Nachtseite zeigt, die keineswegs nur in seinen großen g-Moll- oder c-Moll-Kompositionen existiert, sondern etwa schon im »Weltwunder des Jeunehomme-Konzerts« (Brendel), in dem sich, wieder in Busonis Worten, Mozart »jung wie ein Jüngling und weise wie ein Greis« zeigt, was dieses Werk ja auch als schlechthin adäquat erscheinen ließ für Alfred Brendels Abschiedskonzert am 18. Dezember in Wien.

Ein letztes Wort noch zu Alfred Brendels später großer Liebe zu Haydn, dem immer noch so sehr verkannten Abenteurer und Überraschungskünstler, der sich alle Widerstände mit Übermut und Witz selbst schuf, um sie dann ebenso witzig wieder aus dem Weg zu räumen, und der das Erhabene immer wieder mit seinem herrlichen Humor unterlief, Haydn, dessen Klaviersonaten uns Alfred Brendel in den letzten Jahren wie ein Vermächtnis ans Herz gelegt hat. Von Haydn hat er gesagt, er wünsche sich ihn in den letzten Monaten oder Wochen seines Lebens als Begleiter.

Lieber Alfred, was könnte am Ende denn anderes stehen als das eine Wort *Dank*. Große Musik vermag mehr als jede andere Kunst selbst noch in der Untröstlichkeit zum Trost zu werden. Solchen Trost, der bei Dir nie zum falschen oder billigen Trost wurde, sondern die Form der Erkenntnis annahm, hast du sehr vielen Menschen in aller Welt zuteil werden lassen, die Deine Konzerte künftig so schmerzlich vermissen werden wie ich. Hab Dank!

*Alfred Brendel bei seinem letzten Konzert am 18.12.2008
im Wiener Musikverein
© Jack Liebeck*

Inhalt

Zum Abschied vom Konzertpodium (Alfred Brendel) 5

Die Zeit: Interview (*Christof Siemes und Claus Spahn*) 7

   Uns gemeinsam. Einer Schauspielerin 18

Gedanken zu Leben und Kunst
(*Gespräch mit Martin Meyer*) 20

The Guardian: Fragebogen 44

Vier Gedichte:
   Es gibt … 17 Arten der Liebe 48
   In den Mund genommen 49
   Diese zarten Krümmungen 50
   Ein ungeschützter Blick 51

Selbstgespräch (Alfred Brendel) 52

Vier kleine Gedichte:
   A bes c d 55
   Wünschen wir Vokabelwust 56
   Die Rindsmeise 57
   Als Brahms nach Hause kam 58

Le Monde de la Musique (*Interview mit Olivier Bellamy*) 59

Le Monde de la Musique: Der Proustsche Fragebogen 69

Die Coda ist entzückt (*Gespräch mit Andreas Dorschel*) 73

Vier Klaviergedichte:
   Als der 119jährige 79
   Mit seinen eigenen Augen 80
   Heute bin ich eine Maus 81
   Auf dem Schießklavier 82

Hören   83

Bücher und Noten   86

Erinnerungen eines Musikers an Isaiah Berlin   89

Peter Hamm. Untröstlichkeit und Trost –
Alfred Brendel zu Ehren   97